고등학교 졸업자격

검정
고시의
정석

최신
개정판

KB017971

이타임라이프

편집부 저

도덕

Contents

Contents

I

현대의 삶과
실천 윤리

U
P
G
R
A
D
E
·
E
T
H
I
C
S

현대 생활과 실천 윤리

01 | 현대 사회의 다양한 윤리적 쟁점

1. 우리의 삶에 필요한 윤리

(1) 인간의 특성

   1) 인간의 삶은 유한하고 일회적이며, 열려 있는 존재임

   2) 인간은 좋은 삶을 살아가기 위해 끊임없이 노력하며, 이러한 삶을 추구하는 것과 윤리가 밀접하게 관련이 있음

(2) 윤리의 의미와 특징

   1) **윤리의 의미** : 인간으로서 지켜야 할 행동의 기준이자 규범

   2) **윤리의 특징**

     ① 어떤 대상을 평가하는 성격을 지님

     ② 집단에서 지켜야 할 행동 양식의 성격을 지니고 있으며 규범성을 띠고 있음

> **윤리의 의미**
>
> - 동양에서의 윤리 : '윤(倫)' 자는 무리, 또래, 질서 등의 뜻을 담고 있다. '리(理)' 자는 '옥을 다듬다.'는 뜻을 가지고 있으나 나중에 이치(理致), 이법(理法), 도리(道理)의 뜻을 가지게 되었다.
> - 서양에서의 윤리 : 서양에서 '윤리'라는 말은 '에토스(ethos)'에서 유래하였다. 에토스라는 말은 원래 동물이 서식하는 장소, 축사, 집 등을 의미하는 말이었으나 나중에 사회의 풍습, 개인의 관습 또는 품성을 의미하게 되었다.

2. 현대 사회와 새로운 윤리 문제

(1) 등장 배경

   1) 과학 기술의 급속한 발달과 더불어 사회 구조가 복잡해지고 다양해짐

   2) 과거에는 나타나지 않았던 새로운 윤리 문제에 직면함

(2) 특징

1) 파급 효과가 광범위해짐
2) 책임 소재를 가리기 어려움
3) 전통적인 윤리 규범만으로 해결하기 어려움

(3) 현대 사회의 다양한 윤리적 쟁점들

구분	핵심 쟁점
생명 윤리	인공 임신 중절, 자살, 안락사 등의 삶과 죽음 및 생명의 존엄성 등에 관한 쟁점
성과 가족 윤리	사랑과 성의 관계, 성 상품화, 성의 자기 결정권 등에 관한 쟁점
사회 윤리	직업 윤리 문제, 공정 분배 및 처벌과 관련된 문제, 시민 참여와 시민 불복종 등에 관한 쟁점
과학 기술과 정보 윤리	과학 기술의 가치 중립성과 사회적 책임 문제, 정보 기술과 매체의 발달과 관련된 문제 등에 관한 쟁점
환경 윤리	인간과 자연의 관계, 생태계의 지속 가능성 문제 등에 관한 쟁점
문화 윤리	예술 및 대중문화, 다문화, 종교 문제 등에 관한 쟁점
평화 윤리	사회 갈등 문제, 통일 문제, 국제 사회의 분쟁과 국가 간 빈부 격차 문제 등에 관한 쟁점

02 | 실천 윤리학의 성격과 특징

1. 윤리학의 의미와 특징

(1) 윤리학의 의미 : 사회의 승인을 통해 구속력을 지니고, 당위적 형식으로 제시되는 규범과 가치의 총체인 도덕을 연구 대상으로 삼는 학문

(2) 윤리학의 특징

1) 윤리학은 인간의 도덕적 행위의 실천을 목적으로 삼음
2) 인간의 행위가 도덕적 차원에서 인정받기 위해 갖추어야 할 조건이나 기준을 탐구함

> **아리스토텔레스의 학문 분류**
>
> • 이론 학문 : 진리와 지식의 발견에 관심을 둠 → 수학, 논리학
> • 실천 학문 : 진리와 지식의 발견과 더불어 그것의 실천에 관심을 둠 → 정치학, 윤리학

2. 윤리학의 분류

(1) 규범 윤리학

1) **목표** : 인간이 어떻게 행위를 해야 하는가에 대한 보편적 원리의 탐구
2) 도덕적 행위의 근거가 되는 도덕 원리나 인간의 성품에 관해 탐구하고, 이를 바탕으로 도덕적 문제의 해결과 실천 방법을 제시함

(2) 메타 윤리학

1) **목표** : 도덕 언어의 의미를 분석하고 도덕적 추론의 타당성 입증
2) 윤리학의 학문적 성립 가능성을 모색하기 위해 도덕 언어의 의미나 도덕적 진술의 논리적 구조 등을 분석함

(3) 기술 윤리학

1) **목표** : 도덕적 풍습 또는 관습에 대한 묘사나 객관적 기술
2) 도덕 현상과 문제를 명확하게 기술하고, 현상들 간의 인과 관계를 설명하고자 함

3. 이론 윤리학과 실천 윤리학

(1) 이론 윤리학

– 의미 : 윤리적 판단과 행위 원리를 탐구하고 이에 대한 정당화에 초점을 맞춤
　　　　예 의무론, 공리주의, 덕윤리 등

(2) 실천 윤리학

– 의미 : 이론 윤리를 현대 사회의 여러 문제에 적용하여 구체적인 윤리 문제를 해결하는 데 초점을 두는 학문
　　　　예 생명 윤리, 정보 윤리, 환경 윤리 등

4. 실천 윤리학의 등장 배경과 특징

(1) 등장 배경

1) **이론 윤리학의 한계** : 구체적인 행위에 대한 지침을 제공하지 못함
2) **사회·문화적 변화** : 도시화, 세계화, 정보화 등

(2) 특징

1) **구체적·현실적 성격**
　① 구체적이고 실천적인 도덕 판단과 행위의 지침을 강조함

② 다양한 삶의 영역에서 제기되는 문제의 구체적인 해결책을 모색함

2) 학제적 성격 : 다양한 학문 분야 간의 대화를 강조함

3) 새로운 문제를 다룸 : 과학 기술의 발달로 발생하는 새로운 문제를 다룸

4) 이론 윤리학과 유기적 관계 : 윤리 문제에 직면하였을 때 이론 윤리학의 연구 성과들을 적극적으로 활용함

02 현대 윤리 문제에 대한 접근

01 | 동양 윤리의 접근

1. 유교 윤리적 접근

   (1) 목적 : 도덕적 인격 완성, 도덕적 이상 사회 실현

   (2) 도덕적 인격 완성

     1) 공자는 인(仁)을 타고난 내면적 도덕성으로 보았으며, 맹자는 사단(四端)이라는 선한 마음이 누구에게나 주어져 있다고 보았음

     2) 인간은 하늘로부터 도덕적 본성을 부여받은 존재이지만, 지나친 욕구 때문에 잘못된 행동을 할 수 있음 → 경(敬)과 성(誠)을 통해 극복

     3) **이상적 인간상** : 성인(聖人), 군자(君子) → 자신을 수양하고 난 뒤 다른 사람을 편안하게 하는 수기안인(修己安人)을 실현하는 사람

> **맹자의 사단(四端)**
>
> ① 측은지심(惻隱之心) : 남을 불쌍히 여기는 마음 → 인(仁)의 단서
> ② 수오지심(羞惡之心) : 자신의 잘못을 부끄러워하고 남의 잘못을 미워하는 마음
>   → 의(義)의 단서
> ③ 사양지심(辭讓之心) : 겸손하고 양보하는 마음 → 예(禮)의 단서
> ④ 시비지심(是非之心) : 옳고 그름을 가릴 줄 아는 마음 → 지(智)의 단서

   (3) 도덕적 공동체의 실현

     1) **오륜(五倫)** – 사람들 사이의 관계성을 중시함

       ① 부자유친(父子有親) : 어버이와 자식 사이에는 친함이 있어야 한다.

       ② 군신유의(君臣有義) : 임금과 신하 사이에는 의로움이 있어야 한다.

       ③ 부부유별(夫婦有別) : 부부 사이에는 분별이 있어야 한다.

       ④ 장유유서(長幼有序) : 어른과 아이 사이에는 차례와 질서가 있어야 한다.

       ⑤ 붕우유신(朋友有信) : 친구 사이에는 믿음이 있어야 한다.

2) 충서(忠恕)와 같은 덕목을 통해 타인에 대한 존중과 배려를 강조함

3) 형벌이나 무력보다는 도덕과 예의로써 백성을 교화하는 정치를 강조함 → 덕치(德治)

4) 백성이 도덕적인 마음을 잃지 않도록 기본적인 생활을 보장해 주어야 한다는 점을 강조함 → 항산(恒産)과 항심(恒心)

5) 모두가 더불어 잘 사는 대동사회(大同社會)를 이상 사회로 제시함

> **항산(恒産)과 항심(恒心)**
>
> 맹자는 "일반 백성은 항산(恒産)이 없으면 항심(恒心)을 지닐 수 없다."고 말하며 군주는 백성의 생업을 보장해주어야 한다고 봄

(4) 유교 윤리의 시사점

1) 인간성 상실 문제를 해결하는 데 도움을 줄 수 있음

2) 도덕적 해이(解弛) 현상을 극복하는 데 기여할 수 있음

3) 구성원 간의 관계에 따른 역할과 책임의 소중함을 일깨워 줌 → 정명(正名)

4) 이기주의의 태도와 부정부패를 극복하는 데 도움을 줄 수 있음 → 견리사의(見利思義)

5) 자연과 인간의 조화를 추구하는 유교의 천인합일(天人合一) 사상은 생명의 소중함을 알게 하여 환경 보호에 기여할 수 있음

> **정명(正名)**
>
> "군주는 군주다워야 하고 신하는 신하다워야 하고 아버지는 아버지다워야 하고 아들은 아들다워야 한다(君君臣臣父父子子)."라고 하며 각자의 신분과 지위에 따라 맡은 바 역할을 다하는 것이다.

2. 불교 윤리적 접근

(1) 연기적 세계관과 자비

1) **연기(緣起)** : 모든 존재와 현상에는 원인(因)과 조건(緣)이 있다는 것을 의미함

2) 고통에서 벗어나 진정한 행복에 이르기 위해 연기에 대한 깨달음을 강조함

3) 모든 것이 상호 관계 속에서만 존재한다는 연기의 법칙을 깨닫게 되면 자기가 소중하듯 남도 소중하다는 자비(慈悲)의 마음이 저절로 생길 뿐만 아니라 고통의 원인인 탐욕에서도 벗어날 수 있음

(2) 평등적 세계관과 주체적 인간관

1) **평등적 세계관** : 살아 있는 모든 존재에는 불성(佛性)이 있기 때문에 모든 생명은 평등함

2) **주체적 인간관** : 인간은 누구나 주체적으로 계정혜의 삼학(三學) 등과 같은 수행 방법을 통해 진리에 대한 깨달음을 얻을 수 있음 → 보살(菩薩)

> **삼학(三學)**
> - 계(戒) : 몸과 입, 뜻으로 나쁜 짓을 하지 않도록 막는 것
> - 정(定) : 어지럽게 흩어진 마음을 한 곳으로 모으는 것
> - 혜(慧) : 분별심을 없애고 진리를 있는 그대로 보는 것

(3) 이상적 경지 : 진리에 대한 깨달음을 얻어 고통과 번뇌에서 벗어나면 열반의 경지에 도달할 수 있음

(4) 불교 윤리의 시사점

1) 인간의 내면을 성찰하고 정신 수양을 하는 데 기여할 수 있음

2) 생명 경시 풍조나 생태계 문제 해결에 기여할 수 있음

3) 보편적인 인류애의 중요성을 되새기게 할 수 있음

3. 도가 윤리적 접근

(1) 자연의 순리를 따르는 삶을 강조

1) 노자는 천지 만물의 근원인 도(道)에 따라 인위적으로 강제하지 않고 자연스러움을 따르는 무위자연(無爲自然)의 삶을 강조함

2) **이상 사회** : 무위의 다스림이 이루어지는 소국과민(小國寡民) 제시

(2) 평등적 세계관 강조

1) **제물(濟物)** : 세상 만물은 평등한 가치를 지님

2) **수양방법** : 좌망(坐忘)과 심재(心齋) 제시

3) **이상적 인간상** : 지인(至人), 진인(眞人), 신인(神人), 천인(天人)

(3) 도가 윤리의 시사점

1) 내면의 자유로움을 추구함으로써 세속적 가치에 대한 지나친 욕망에서 벗어나게 하는 데 기여할 수 있음

2) 인간을 자연의 일부로 보고 자연의 질서에 순응할 것을 강조함으로써 환경 문제를 해결하는 데 도움을 줄 수 있음

02 | 서양 윤리의 접근

1. 의무론적 접근

(1) 의무론

1) 보편타당한 도덕적 의무의 존재 인정 → 행위 자체의 도덕성에 주목하면서 도덕적 의무 강조

2) 도덕적 행위를 해야 하는 이유는 그것이 도덕적 의무이기 때문임

(2) 자연법 윤리

1) 자연법칙을 윤리의 기초로 보는 이론으로, 자연의 질서를 따르는 행위는 옳지만 그것을 어기는 행위는 그르다고 봄

2) **윤리적 의사 결정** : '선을 행하고 악을 피하라.' 라는 명제를 핵심으로 삼음

3) **아퀴나스** : 인간의 세 가지 본성 – 자기 보존, 종족 보존, 신과 사회에 대한 진리 파악

4) 자연적 성향으로부터 자연적 윤리는 생명의 불가침성 및 존엄성, 인간 양심의 자유, 만민 평등의 자연법적 권리를 도출함

5) **자연법 윤리의 시사점** : 인간의 자연적 생명권 및 신체의 불가침성을 해치는 행위에 반대하는 입장의 이론적 근거를 제공함

(3) 칸트 윤리

1) **행위의 동기 중시** : 도덕성을 판단할 때 행위의 결과보다는 동기를 중시함

2) 이성적이고 자율적인 인간은 보편적인 도덕 법칙을 의식할 수 있음 → 도덕 법칙은 정언명령의 형식을 띰

3) 윤리적 의사 결정에서 보편화 가능성과 인간 존엄성의 관점에서 검토할 것을 주장함

4) **칸트 윤리의 시사점** : 보편적인 윤리를 확립하여 도덕적 판단의 확고한 근거를 제시할 수 있고, 인간 존엄성의 정신을 강조하여 인권 보호에 기여할 수 있음

> **정언 명령**
> 마땅히 해야 할 행위를 지시하는 명령으로, 명령 그 자체가 목적이 된다.
>
> ① 보편 법칙의 정식 : "네 의지의 준칙이 언제나 동시에 보편적 입법 원리가 되도록 행위하라."
> ② 인간성의 정식 : "너 자신에게나 다른 사람에게나 있어서 인격을 언제나 동시에 목적으로 대우하고 수단으로 대우하지 마라."

2. 공리주의적 접근

(1) 특징

1) **행위의 결과에 초점** : 쾌락과 행복을 가져다주는 행위를 옳은 행위로 간주
2) 유용성(공리)의 원리에 따라 윤리적 규칙 도출

(2) 벤담과 밀

벤담(양적 공리주의)	· 모든 쾌락은 질적으로 동일하며 양적 차이만 있음 → 쾌락 계산법 제시 · '최대다수의 최대행복'을 도덕원리로 제시
밀(질적 공리주의)	· 쾌락은 양적 차이뿐만 아니라 질적 차이도 고려 · 정상적인 인간은 누구나 질적으로 높고 고상한 쾌락 추구

(3) 행위 공리주의와 규칙 공리주의

1) **행위 공리주의** : 유용성의 원리를 '개별적 행위'에 적용하여 개별적 행위가 가져오는 쾌락이나 행복에 따라 행위의 옳고 그름을 결정함
2) **규칙 공리주의** : 어떤 규칙이 최대의 유용성을 산출하는지 판단한 후, 그 규칙에 부합하는 행위를 옳은 행위로 봄

(4) 공리주의 시사점 : 사익과 공익의 조화에 대한 하나의 해법을 제시, 융통성 있는 방안과 가장 좋은 결과를 가져오는 대안을 도출할 수 있음

3. 덕 윤리적 접근

(1) 기원 : 아리스토텔레스의 윤리 사상적 전통을 따라 행위자의 품성과 덕성을 중시함

(2) **등장 배경** : 의무론과 공리주의 비판 → 행위자 내면의 도덕성과 인성의 중요성 간과, 공동체의 전통 무시

(3) **현대의 덕 윤리의 특징**

  1) 행위자의 성품을 먼저 평가하고, 이를 근거로 행위의 옳고 그름을 판단해야 한다고 봄

  2) 윤리적으로 옳고 선한 결정을 하려면 유덕한 품성을 길러야 한다고 봄

  3) **매킨타이어** : 개인의 자유와 선택보다는 공동체의 전통과 역사를 더 중시, 도덕적 판단에 있어 구체적이며 맥락적 사고를 중시할 것을 주장함

(4) **현대 덕 윤리의 시사점** : 윤리학의 논의 범위를 확장하는 데 기여하며, 개인의 실천 가능성을 강조하기 때문에 도덕적 실천력을 높이는 데 기여함

> **아리스토텔레스의 덕론**
>
> 아리스토텔레스는 덕을 지적인 덕과 도덕적인 덕으로 나누었다. 특히 도덕적 덕은 본성적으로 생기는 것이 아니다. 도덕적 덕은 습관의 결과로 형성되는 것이다. 즉, 실천함으로써 얻어지는 것이다. 예를 들어 집을 지어 봄으로써 건축가가 되는 것처럼 옳은 행위를 함으로써 옳게 되는 것이다.

4. 도덕 과학적 접근

(1) **특징** : 인간의 도덕성과 윤리적 문제를 과학에 근거하여 탐구하는 방식

(2) **신경 윤리학**

  1) 과학적 측정 방법을 통해 이성과 정서, 자유 의지나 공감 능력을 입증함

  2) 도덕적 판단과 행위에 있어 정서가 필수적으로 요구됨을 밝혀냄으로써 이성 중심의 전통적 견해에 대한 재검토의 필요성이 제기됨

(3) **진화 윤리학**

  1) 이타적 행동 및 성품과 관련된 도덕성은 자연 선택을 통한 진화의 결과라고 주장함

  2) 인간의 이타적 행위를 추상적인 도덕 원리가 아닌 생물학적 적응의 산물로 봄

(4) **도덕 과학적 접근의 시사점** : 도덕적 판단과 행동의 과정, 도덕성의 형성 요인 등에 대한 과학적 해명에 도움을 줌

01 | 도덕적 탐구의 방법

1. 도덕적 탐구의 의미와 특징

   (1) **탐구의 의미** : 진리와 학문 등을 깊이 연구하는 것으로, 그 과정에서 문제해결을 위한 사고나 지식 획득을 위한 방법 등을 중요하게 고려함

   (2) **도덕적 탐구의 의미와 특징**

   1) **도덕적 탐구** : 도덕적 사고를 통해 도덕적 의미를 새롭게 구성하는 지적 활동을 의미함
   2) **도덕적 탐구의 특징**
       ① 현실 문제를 해결할 때 당위적 차원에 주목함
       ② 대체로 윤리적 딜레마를 활용한 도덕적 추론으로 이루어짐

도덕적 추론

① 대전제 : 도덕원리 → <u>인간의 생명을 고의로 해치는 것</u>은 <u>옳지 않다</u>.
　　　　　　　　　　　　A　　　　　　　　　　　　　　　　B

② 소전제 : 사실판단 → <u>자살</u>은 <u>인간의 생명을 고의로 해치는 것</u>이다.
　　　　　　　　　　　　C　　　　　　　A

③ 결　론 : 도덕판단 → <u>자살</u>은 <u>옳지 않다</u>.
　　　　　　　　　　　　C　　　　　B

---

③ 이성적 · 정서적 측면 모두를 고려해야 함

이성적 사고의 종류

* 논리적 사고 : 전제로부터 결론 혹은 주장을 타당하게 도출하는지 사고하는 것
* 합리적 사고 : 자신의 사고와 행위가 참된 근거와 원칙에 따르고 있는지 사고하는 것
* 비판적 사고 : 주장의 근거와 그 적절성을 따져보는 것

---

2. 도덕적 탐구의 중요성과 방법

(1) 중요성

1) 현대 사회의 복잡한 도덕 문제를 합리적으로 해결하는 데 도움이 됨

2) 도덕적으로 살아가는 데 필요한 윤리적 가치관을 세우는 데 도움이 됨

3) 타인을 배려하는 역지사지(易地思之)의 마음을 키울 수 있기 때문임

(2) 도덕적 탐구의 방법

단계	구체적인 내용
윤리적 쟁점 또는 딜레마 확인	윤리적 문제의 핵심을 파악하기 위해서 관련된 사람들의 관계, 문제가 발생하는 이유 등을 검토
자료 수집 및 분석	윤리적 문제를 정확하게 이해하고 해결하기 위해 다양한 자료를 수집·분석
입장 채택 및 정당화 근거 제시	정당화 근거의 타당성을 확보하기 위해서 도덕원리 검사 방법으로 역할 교환 검사와 보편화 결과 검사 등을 적용
최선의 대안 도출	제시된 해결책의 장단점을 비교하는 상호 토론 과정을 거쳐 최선의 대안을 마련
반성 및 정리	탐구 과정에서 달라진 생각은 무엇인지, 왜 그렇게 바뀌었는지 등에 대해 반성하고 정리

도덕 원리 검사 방법

- 역할 교환 검사 : 상대방의 입장에서 받아들일 수 있는지를 검사하는 방법
- 보편화 결과 검사 : 모든 사람들이 어떤 행동을 했을 때, 그 결과가 바람직하지 않다면 해서는 안 된다고 주장하는 방법

02 | 윤리적 성찰과 실천

1. 윤리적 성찰의 의미와 중요성

(1) 윤리적 성찰의 의미

1) 생활 속에서 자신의 마음가짐, 행동 또는 그 속에 담긴 자신의 정체성과 가치관에 관하여 윤리적 관점에서 깊이 있게 반성하고 살피는 태도

2) 도덕 원리와 모범적인 도덕 행동, 인격 특성을 판단의 준거로 사용하여 자신의 경험이 도덕적으로 좋고 나쁜지 또는 옳고 그른지를 판단함

(2) 윤리적 성찰의 중요성 : 자신의 삶에 대한 도덕적 자각과 인격의 함양에 도움을 줌(소크라테스 – 성찰하지 않는 삶은 가치가 없다) → 지속적인 성찰을 통해 올바른 자아 정체성을 형성할 수 있음

2. 윤리적 성찰의 방법
(1) 동양
1) **거경(居敬)** : 마음을 한 곳으로 모아 흐트러짐이 없게 하는 것
2) **일일삼성(一日三省)** : 매일 하루의 삶을 성찰할 수 있는 세 가지 물음

> **일일삼성(一日三省)**
>
> 남을 위해서 일을 하는 데 정성을 다하였는가?
> 벗들과 함께 서로 사귀는데 신의를 다하였는가?
> 스승에게 배운 것을 익히고 실천했는가?

3) **참선** : 인간의 참된 삶과 맑은 본성을 깨닫기 위한 수행법

(2) 서양
1) **산파술** : 끊임없는 질문을 통해 자신의 무지를 자각하게 돕는 방법
2) **중용** : 마땅한 때에, 마땅한 일에 대하여, 마땅한 사람에게, 마땅한 동기로 느끼거나 행함

3. 토론을 통한 성찰
(1) 토론의 의미 : 상대방을 설득하거나 이해하고, 이를 바탕으로 문제에 대한 최선의 해결책을 모색하는 활동

(2) 토론의 과정
1) **주장하기** : 자신의 주장에 대한 근거를 찾고 자신의 주장을 발표
2) **반론하기** : 상대방 주장의 오류나 부당성을 밝히는 것

3) **재반론하기** : 상대방의 반론이 옳지 않음을 밝히거나 자신의 주장을 뒷받침할 더 많은 근거를 제시

4) **반성과 정리** : 상대방의 반론을 참고하여 각자의 주장을 반성하고 자신의 최종 입장을 발표

(3) 토론의 필요성

1) 인식과 판단에서 오류의 가능성을 줄임

2) 당면한 윤리 문제에 대해 바람직한 해결 방안을 찾을 수 있음

3) 주관적인 의견이 토론을 통해 보편적인 앎의 형태로 나아갈 수 있음

4. 윤리적 실천을 위한 도덕적 탐구와 윤리적 성찰

(1) 도덕적 탐구와 윤리적 성찰 중 어느 한쪽으로 치우침 없이 도덕적 탐구와 윤리적 성찰을 조화롭게 추구해야 함

(2) 도덕적 탐구와 윤리적 성찰을 통해 윤리적 실천으로 나아가야 함

Exercises

01 인간으로서 마땅히 지켜야 할 행동의 기준이나 규범을 (　　)(이)라고 한다.

02 (　　　　)은/는 도덕적 행위의 기준이나 규범을 체계적으로 탐구하는 학문이다.

03 (　　　) 윤리학은 인간이 어떻게 행위를 해야 하는가에 관한 보편적인 원리의 탐구를 주된 목적으로 한다.

04 (　　　) 윤리학은 도덕적 풍습 또는 관습에 대한 묘사나 객관적 기술을 주된 목적으로 한다.

05 도덕 언어의 의미를 분석하고 도덕적 추론의 타당성 입증을 주된 목표로 하는 윤리학은 (　　　) 윤리학이다.

06 유교 윤리에서는 이상 사회로서 (　　　　　)을/를 제시한다.

07 불교의 (　　　)에 따르면, 모든 존재와 현상은 원인과 조건으로 상호 관련되어 생겨나고 소멸한다.

08 대승불교에서는 깨달음을 얻어 중생을 구제하고자 하는 (　　　)을/를 이상적 인간상으로 제시한다.

09 노자는 도의 특성인 인위적으로 강제하지 않고 자연스러움을 따르는 (　　　　　)을/를 주장하였다.

10 (　　　　)은/는 행위가 의무에 부합하는가에 따라 옳고 그름을 판단하며, 대표 이론으로는 자연법 윤리와 칸트 윤리가 있다.

11　칸트 윤리에서 도덕 법칙은 어떤 상황에서도 무조건 따라야 하는 (　　　　)
의 형태로 제시된다.

12　공리주의의 대표적 사상가인 (　　　　)은/는 '최대 다수의 최대 행복'을
도덕 원리로 제시하였다.

13　현대의 (　　　　)은/는 아리스토텔레스의 사상에 뿌리를 둔다.

14　윤리학의 도덕 과학적 접근에는 (　　　　)와(과) 진화 윤리학 등이 있다.

15　(　　　　　　)은/는 도덕적 사고를 통해 도덕적 의미를 새롭게 구성하
는 지적 활동을 의미한다.

16　(　　　　　　)은/는 자신의 도덕적 경험을 바탕으로 반성적 사고를 하
고, 도덕적 삶의 실천 방향을 결정하는 활동이다.

17　(　　　　) 사고는 주장의 근거와 그 적절성을 따져보는 사고방식이다.

18　유교의 성찰 방법 중 (　　　　)은/는 마음을 한곳으로 모아 흐트러짐이
없이 하고, 몸가짐을 삼가고 덕성을 함양하는 것이다.

19　소크라테스는 윤리적 성찰 방법으로 (　　　　)을/를 제시하였으며, 이것은
끊임없는 질문을 통해 자신의 무지를 자각할 수 있도록 돕는 방법이다.

20　(　　　　)은/는 상대방을 설득하거나 이해하고 이를 바탕으로 당면한 문
제에 관한 최선의 해결책을 모색하기 위한 것이다.

정답　1. 윤리　2. 윤리학　3. 규범　4. 기술　5. 메타　6. 대동사회　7. 연기설　8. 보살
9. 무위자연　10. 의무론　11. 정언명령　12. 벤담　13. 덕 윤리　14. 신경 윤리학
15. 도덕적 탐구　16. 윤리적 성찰　17. 비판적　18. 거경　19. 산파술　20. 토론

II

생명과 윤리

01 삶과 죽음의 윤리

01 | 출생·죽음의 의미와 삶의 가치

1. 출생의 의미

(1) 생물학적 의미 : 태아가 모체로부터 분리되어 독립된 새로운 생명체로 되는 단계

(2) 윤리적 의미

1) 인간의 자연적 성향을 실현하는 과정
2) 도덕적 주체로 사는 삶의 출발점
3) 가족 및 사회 구성원으로 사는 삶의 시작

2. 죽음의 윤리적 의미와 삶의 가치

(1) 죽음의 특징

1) **보편성** : 인간이라면 누구나 죽음을 맞게 됨
2) **불가피성** : 어느 누구도 죽음을 피할 수 없음
3) **일회성** : 인간이라면 누구나 한 번은 죽음
4) **비가역성** : 죽은 사람은 되살릴 수 없음

(2) 죽음의 윤리적 의미

1) 죽음은 삶의 소중함을 깨닫게 하는 계기가 됨
2) 죽음은 인간관계의 소중함을 깨닫게 하는 계기가 됨

(3) 동서양의 죽음관

동양	공자	죽음의 문제보다 현세의 윤리적 삶에 더욱 충실할 것을 강조
	석가모니	·죽음을 생노병과 더불어 고통의 하나로 봄 ·삶과 죽음을 하나로 봄 ·죽음은 윤회의 과정으로, 현세의 업보가 죽음 이후의 삶을 결정함
	장자	·삶과 죽음은 기(氣)가 모였다가 흩어지는 것 → 자연스럽고 필연적인 과정 ·삶에 집착하거나 죽음을 걱정하고 두려워할 필요가 없음

서양	플라톤	육체에 갇혀 있는 영혼이 죽음을 통해 영원불변한 이데아의 세계로 들어감
	에피쿠로스	· 죽음은 인간을 구성하던 원자가 흩어져 개별 원자로 돌아가는 것 · 살아있는 동안에는 죽음을 경험할 수 없으므로 죽음을 두려워할 필요가 없음
	하이데거	현존재인 인간만이 자신에게 다가올 죽음을 염려할 수 있고, 죽음에 대한 자각을 통해 삶을 더욱 충실하게 살 수 있다고 봄

02 | 출생 및 죽음과 관련된 윤리적 쟁점

1. 인공 임신 중절의 윤리적 쟁점

찬성 논거	반대 논거
· 여성의 선택권 〉 태아의 생명권 · 태아는 완전한 인간으로 볼 수 없음 · 소유권 근거 : 태아는 여성의 몸의 일부이므로 여성은 태아에 대한 권리를 지님 · 자율성 근거 : 인간은 자신의 신체에 대해 자율적으로 선택할 권리가 있음 · 정당방위 근거 : 여성은 자기방어와 정당방위의 권리를 지님	· 여성의 선택권 〈 태아의 생명권 · 태아는 인간과 동일한 도덕적 지위를 지님 · 잠재성 근거 : 태아는 성숙한 인간으로 발달할 가능성을 지님 · 존엄성 근거 : 모든 인간의 생명은 존엄하므로 태아의 생명도 존엄함 · 무고한 인간의 신성불가침성 근거 : 태아는 무고한 인간이고, 무고한 인간을 해치는 행위는 옳지 않음

2. 자살의 윤리적 쟁점

(1) 자살의 윤리적 문제

1) 가족이나 친구 등 주변 사람들에게 깊은 슬픔과 고통을 안겨 주며, 사회 공동체의 결속을 약화시킴

2) 유명인의 자살은 모방 자살로 이어지기도 함

(2) 자살에 대한 각 사상의 입장

1) **유교** : 부모로부터 받은 자신의 신체를 훼손하는 행위로 불효로 봄

2) **불교** : 생명을 해쳐서는 안된다는 '불살생(不殺生)'의 계율을 어기는 것으로 봄

3) **그리스도교** : 신의 피조물인 인간이 스스로 목숨을 끊어서는 안 된다고 봄

4) **아퀴나스** : 자살은 자기 보존을 거스르는 부당한 행위로 자연법에 어긋난다고 봄

5) **칸트** : 자살은 고통에서 벗어나기 위해 목숨을 끊는 것으로, 인간을 수단으로만 대우하는 것이라고 봄

6) **쇼펜하우어** : 자살은 한 번뿐인 삶을 인위적으로 종결시킴으로써 자신의 능력을 발휘할 가능성을 파괴하는 것이라고 봄

3. 안락사의 윤리적 쟁점

(1) **안락사의 의미** : 불치병으로 극심한 고통을 겪고 있는 환자 또는 그 가족의 요청에 따라 의료진이 인위적으로 죽음을 앞당기거나 생명 유지에 필요한 조치를 중단함으로써 생명을 단축하는 행위

(2) **안락사에 대한 찬반 입장**

찬성 입장	반대 입장
· 환자의 자율성과 삶의 중시 : 환자는 자율적 주체로 자신의 죽는 방법을 선택할 수 있으며, 인간답게 죽을 권리를 지님 · 공리주의적 관점 : 무의미한 연명 치료는 환자 본인과 가족에게 심리적·경제적 부담을 주며, 제한된 의료 자원을 효율적으로 사용하지 않음으로써 사회 전체의 이익에 부합하지 않음	· 모든 인간의 생명은 존엄하며, 인간은 자신의 죽음을 인위적으로 선택할 권리를 갖고 있지 않음 · 자연법 윤리와 의무론의 관점 : 삶이 고통스럽다는 이유로 죽음을 인위적으로 앞당기는 행위는 자연의 질서에 부합하지 않으며, 인간 생명의 존엄성을 훼손하는 행위임

안락사의 종류

- 기준 : 환자의 동의 여부
  - 자발적 안락사 : 환자 본인이 직접적으로 동의한 경우
  - 비자발적 안락사 : 환자가 의사를 표현할 능력이 없는 상태에서 가족이나 주변에서 동의한 경우

- 기준 : 안락사 시행 수단
  - 적극적 안락사 : 약물 투입
  - 소극적 안락사 : 연명 치료 중단

4. 뇌사의 윤리적 쟁점

(1) **뇌사의 의미** : 뇌 기능이 회복 불가능하게 정지된 상태

(2) **뇌사에 대한 찬반 논쟁**

찬성 입장	반대 입장
· 죽음의 기준 : 뇌 기능 정지 · 뇌 기능이 정지하면 인간으로서 고유한 활동이 불가능함 · 뇌사자의 장기로 다른 생명을 구할 수 있음 · 뇌사자의 존엄하게 죽을 권리를 존중해야 함	· 죽음의 기준 : 심폐 기능의 정지 · 뇌 기능이 정지하더라도 생명을 유지할 수 있음 · 뇌사의 인정은 생명을 수단으로 여기는 것 · 뇌사 판정 과정에서 오류가 발생할 수 있음 · 실용주의 관점은 인간의 가치를 위협할 수 있음

02 생명 윤리

01 | 생명 복제와 유전자 치료 문제

1. 생명의 존엄성에 관한 윤리적 관점

   (1) **생명 과학의 발달** : 인류에게 다양한 혜택을 제공하지만 생명의 존엄성을 위협하는 부작용을 낳기도 함

   (2) **생명 윤리의 중요성** : 생명 과학이 간과하기 쉬운 생명의 존엄성에 대한 근거를 성찰하도록 도움

   (3) **생명 존엄성에 관한 윤리적 관점**

   1) 생명의 존엄성에 대한 동양의 관점
      ① 유교 : 부모로부터 물려받은 생명을 존엄하게 여길 것을 강조함
      ② 불교 : 연기설을 통해 생명의 상호 의존성을 강조하고, 불살생의 계율로 생명의 보존을 주장함
      ③ 도가 : 자연스러운 것을 인위적으로 조작하는 일은 바람직하지 않다고 봄

   2) 생명의 존엄성에 대한 서양의 관점
      ① 의무론 : 생명은 그 자체로 존엄하므로 생명을 함부로 조작하거나 훼손해서는 안 된다고 봄
      ② 공리주의 : 생명을 대상으로 하는 과학 기술과 의료 행위가 개인과 사회에 행복과 이익을 가져다준다면 정당화될 수 있다고 봄

2. 생명 복제의 윤리적 쟁점

   (1) **동물 복제**

찬성 입장	반대 입장
·동물 복제를 통해 우수한 품종을 개발할 수 있음 ·희귀 동물 보존이 가능함 ·멸종 동물 복원이 가능함	·동물 복제는 자연의 질서에 어긋남 ·종의 다양성을 해침 ·동물의 생명을 인간의 유용성을 위한 도구로 사용함

(2) 인간 복제

1) 배아 복제

찬성 입장	반대 입장
· 배아는 아직 완전한 인간이 아님 · 배아로부터 획득한 줄기세포를 활용해 난치병 치료 방법을 찾을 수 있음	· 배아도 인간의 생명이므로 보호되어야 함 · 복제과정에서 난자 사용은 여성의 건강권과 인권을 훼손하는 것임

2) 개체 복제

찬성 입장	반대 입장
난임 부부들에게 자녀 출산의 희망을 부여함	자연스러운 출산 과정에 어긋나며, 인간의 고유성, 개체성, 정체성을 상실하게 하고, 가족 관계에 혼란을 초래함

3. 유전자 치료의 윤리적 쟁점

(1) 체세포 유전자 치료 : 환자의 질병 치료를 위해 허용되고 있음

(2) 생식 세포 유전자 치료의 윤리적 쟁점

찬성 입장	반대 입장
· 선천성 유전 질환의 치료 및 예방 가능 · 병의 유전을 막아 다음 세대의 병을 예방 가능 · 배아의 유전적 결함을 바로잡아 부모의 생식에 대한 권리와 자율성 보장	· 생식 세포의 변화를 통해 인간을 개선하려는 우생학에 대한 우려 · 미래 세대의 동의 여부에 대한 불확실성 · 임상 실험의 위험성과 과학적 불확실성으로 인한 부작용 발생 가능성

02 | 동물 실험과 동물 권리의 문제

1. 동물 실험의 윤리적 쟁점

찬성 입장	반대 입장
· 인간은 동물과 근본적으로 다른 존재 지위를 가지고 있음 · 인간과 동물은 생물학적으로 유사하므로 동물 실험의 결과를 인간에게 적용할 수 있음	· 인간과 동물의 존재 지위는 차이가 없음 · 인간과 동물은 생물학적으로 유사하지 않음 → 동물 실험의 결과를 그대로 인간에게 적용하는 데 한계가 있음

2. 동물 권리에 관한 다양한 관점

(1) 인간 중심주의 : 동물이 도덕적으로 고려받을 권리를 부정함

   1) 데카르트 : 동물은 자동인형 또는 움직이는 기계에 불과함

   2) 아퀴나스 : 인간이 동물에게 동정어린 감정을 나타낸다면, 그는 그만큼 더 동료 인간들에게 관심을 가질 것임

   3) 칸트 : 동물에 대한 의무는 인간에 대한 간접적 의무에 불과함

(2) 동물 중심주의 : 동물이 도덕적으로 고려받을 권리를 인정함

   1) 벤담 : 동물도 고통을 느끼므로 도덕적으로 고려받을 권리를 지닌다고 봄

   2) 싱어

     ① 동물 해방론 : 공리주의적 관점에서 동물이 느끼는 고통을 감소시켜야 한다고 주장함

     ② 동물도 인간과 마찬가지로 쾌고 감수 능력을 지니기 때문에 동물의 이익도 평등하게 고려해야 한다고 주장함

     ③ 동물을 종이 다르다는 이유로 차별하는 것은 인종 차별이나 다를 바 없다고 봄

     ④ 동물 실험이 동물에게 고통을 주기 때문에 기본적으로 반대함

   3) 레건

     ① 동물 권리론 : 의무론의 관점에서 동물도 존중받을 도덕적 권리를 지닌다고 주장함

     ② 동물은 인간과 마찬가지로 믿음, 욕구, 자각, 기억, 감정 등을 지니고 자신의 삶을 영위할 수 있는 능력을 지닌 삶의 주체이므로 인간처럼 내재적 가치를 지닌다고 봄

     ③ 내재적 가치를 지닌 존재는 도덕적 권리를 지니므로, 인간은 동물을 도덕적으로 배려하고 존중해야 할 의무를 지닌다고 주장함

     ④ 동물 실험은 동물의 내재적 가치를 존중하지 않고, 단지 동물을 인간의 목적을 위한 수단으로 이용하는 것이기 때문에 부당하다고 봄

03 사랑과 성 윤리

01 | 사랑과 성의 관계

1. 사랑과 성의 의미와 가치

(1) 사랑의 의미

1) 인간이 근원으로, 어떤 사람이나 존재를 아끼고 소중히 여기는 마음

2) **프롬이 제시한 사랑의 요소**

① 책임 : 사랑은 상대의 요구에 책임 있게 반응하는 것

② 이해 : 사랑은 상대의 독특한 개성을 아는 능력이며, 그를 깊이 이해하는 것

③ 존경 : 사랑은 지배하고 소유하는 것이 아니라 상대를 있는 그대로 보는 것

④ 보호 : 사랑은 사랑하는 사람의 생명과 성장에 적극적인 관심을 갖고 보호하는 것

(2) 성의 가치

1) **생식적 가치** : 새로운 생명의 탄생을 통한 종족의 보존

2) **쾌락적 가치** : 인간의 감각적인 욕망의 충족 → 절제 필요

3) **인격적 가치** : 상호 간의 존중과 배려를 실천하고, 자아실현과 인격 완성에 기여

(3) 사랑과 성의 관계

1) **보수주의**

- 결혼과 출산 중심의 성 윤리

- 결혼을 통해 이루어지는 성적 관계만이 정당함

2) **중도주의**

- 사랑 중심의 성 윤리

- 사랑이 있는 성적 관계는 옳고 사랑이 없는 성은 도덕적으로 그름

3) **자유주의**

- 자발적 동의 중심의 성 윤리

- 타인에게 해악을 주지 않는 범위 내에서 자발적 동의에 따른 성적 자유를 허용해야 함

2. 성과 관련된 윤리적 문제

(1) 성의 자기 결정권

1) **의미** : 자신의 성에 관한 행동을 자율적으로 책임 있게 결정하고 선택할 권리, 외부의 부당한 압력이나 타인의 강요 없이 스스로의 의지와 판단에 따라 자신의 성적 행동을 결정하는 것

2) **성의 자기 결정권 남용에 따른 문제점**

① 타인의 성적 자기 결정권 침해 : 상대방의 동의 없는 강제적인 성적 행위는 상대에게 육체적 피해, 정신적 고통, 인격적 수치심을 줌

② 무고한 생명의 훼손 : 원치 않는 임신, 인공 임신 중절과 같은 문제 상황이 발생하기도 함

3) **성의 자기 결정권의 올바른 행사** : 반드시 타인의 권리를 침해하지 않는 범위로 제한되어야 하며, 자신의 결정에 대한 책임이 따라야 함

(2) 성 상품화

1) **의미** : 인간의 성을 직, 간접적으로 이용해 이윤을 추구하는 것

2) **성 상품화에 대한 찬반 입장**

찬성 입장	반대 입장
· 성의 자기 결정권과 표현의 자유를 강조함 · 성 상품화가 이윤 극대화를 추구하는 자본주의 경제 논리에 부합할 수 있음	· 성 상품화가 인격적 가치를 지니는 성을 상품으로 대상화하여 성의 가치와 의미를 훼손함 · 성 상품화는 외모 지상주의를 조장함

(3) 성차별

1) **의미** : 여성 혹은 남성이라는 이유로 부당한 대우를 하는 것

2) **성차별의 문제점**

① 성차별은 인간의 기본 권리인 자유권과 평등권, 행복 추구권을 침해함

② 남녀 각 개인의 잠재력을 충분히 발휘할 수 없도록 하여 인적 자원의 낭비를 초래함

02 | 결혼과 가족의 윤리

1. 결혼과 부부 윤리

(1) 결혼의 윤리적 의미

1) 부부가 서로에 대한 사랑을 지키겠다는 약속이자 신뢰임

2) 사랑을 바탕으로 삶 전체를 공동으로 영위하겠다는 약속임

(2) 부부 윤리

1) 남녀 간의 역할을 구분하면서 서로 존중해야 함 → 음양론이나 부부유별(夫婦有別), 부부상경(夫婦相敬)은 전통 사회의 부부 윤리에서 강조하는 내용임

2) 서로의 차이를 고려하여 역할을 분담하며 양성평등의 자세를 가져야 함

3) 배려와 존중의 윤리를 실천해야 함

2. 가족의 가치와 가족 윤리

(1) 가족의 가치

1) **사회 유지** : 출산을 통해 새로운 사회 구성원을 재생산함

2) **보호와 양육** : 개인을 안전하게 보호하고 양육하며, 정서적 안정을 제공함

3) **사회화** : 바람직한 인격을 형성하고 기본적인 사회 규범과 예절을 전수함

4) **생계유지** : 재화를 생산 · 소비함으로써 생계를 유지하고 더 나은 삶을 추구함

(2) 가족 해체 현상

1) **의미** : 현대 사회에서 가족 구성원 수의 감소와 구성원 간의 정서적 연결이 약해져서 가족이 제 기능을 발휘하지 못하는 현상

2) **영향**

① 개인의 삶을 불안하게 만듦

② 사회의 근본적인 변화를 가져옴

③ 가족 공동체 와해 → 사회 전체에 부정적인 영향을 줌

(3) 가족 해체 극복 방안으로서의 가족 윤리

1) **전통 사회의 가족 윤리**

① 부부간 : 부부유별, 상경여빈, 부부상경 등

② 부모 자식 간 : 효(孝), 자애(慈愛), 부자유친 등

③ 형제자매 간 : 형우제공(兄友弟恭), 우애(友愛) 등

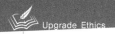

2) 현대 사회의 가족 윤리

　① 가족 구성원은 배려, 존중, 책임 등의 덕목을 실천해야 함

　② 가족 구성원은 서로 사랑을 실천해야 함

「**사기**」의 오전

- 부의(父義) : 아버지는 의로워야 함
- 모자(母慈) : 어머니는 자애로워야 함
- 형우(兄友) : 형은 우애가 있어야 함
- 제공(悌恭) : 동생은 부모와 형을 공경해야 함
- 자효(子孝) : 자식은 효를 다해야 함

Exercises

01 (   )은/는 일회적이고 고유하며 유한하다.

02 (   )은/는 죽음의 문제보다 현세의 윤리적 삶에 보다 충실할 것을 강조하였다.

03 장자는 삶과 죽음은 기(氣)가 모였다가 흩어지는 것이므로, (   )스럽고 필연적인 과정이라고 본다.

04 플라톤은 죽음을 육체에 갇혀 있던 영혼이 (   )의 세계로 돌아가는 것이라고 보았다.

05 (   )은/는 우리가 죽음에 대해 경험할 수 없으므로 죽음에 대해 두려워할 필요가 없다고 보았다.

06 안락사를 찬성하는 사람들은 인간은 (   )을/를 선택할 권리가 있다고 주장한다.

07 (   ) 윤리에서는 인공 임신 중절을 생명과 종족 보존이라는 자연적 성향에 어긋난 행위로 본다.

08 생명 복제를 반대하는 입장에서는 생명 복제가 인간의 생명을 수단화하여 (   )을/를 훼손한다고 주장한다.

09 (   )이란 인간의 과학적 목적을 위해 동물을 대상으로 하는 실험을 말한다.

10 데카르트는 동물은 자동인형 또는 움직이는 (   )에 불과하다고 주장한다.

11 싱어의 (   )은/는 공리주의적 관점에서 동물이 느끼는 고통을 감소시켜야 한다고 주장한다.

12 레건의 (　　　　　)은/는 의무론의 관점에서 동물도 존중받을 도덕적 권리를 지닌다고 주장한다.

13 성은 새로운 생명을 탄생시키는 원천, 즉 종족 보존의 측면에서 (　　　　) 가치를 지닌다.

14 인간의 근원적 감정으로, 어떤 사람이나 존재를 아끼고 소중히 여기는 마음을 (　　　　)(이)라고 한다.

15 (　　　　) 관점에서는 결혼을 통해 이루어지는 성적 관계만이 정당하다고 본다.

16 (　　　　) 관점에서는 자발적 동의에 따른 성적 자유를 허용해야 한다고 본다.

17 프롬의 사랑의 요소 중 (　　　　)은/는 사랑하는 사람을 있는 그대로 받아들이며 존중하는 것이다.

18 (　　　　　　　)은/는 성적인 영역에서 인간이 자신의 의지에 따라 자율적으로 성적 행위를 결정할 수 있고, 원치 않는 성적 행위를 거부할 수 있는 권리이다.

19 현대 사회에서 가족 구성원 수의 감소와 구성원 간의 정서적 연결이 약해져서 가족이 제 기능을 발휘하지 못하는 현상을 (　　　　　　)(이)라고 한다.

20 (　　　　)(이)란 우주나 인간 사회의 모든 현상을 음양의 변화로 설명하는 이론으로, 음과 양은 서로 다르지만 서로 보완하여 조화를 이루어야 한다고 본다.

정답 | 1. 생명 2. 공자 3. 자연 4. 이데아 5. 에피쿠로스 6. 죽음 7. 자연법 8. 인간의 존엄성
9. 동물 실험 10. 기계 11. 동물 해방론 12. 동물 권리론 13. 생식적 14. 사랑
15. 보수주의 16. 자유주의 17. 존경 18. 성의 자기결정권 19. 가족 해체 현상 20. 음양론

III

사회와 윤리

01 직업과 청렴의 윤리

1. 직업의 의미와 기능

(1) 직업의 의미
1) 사회적 지위와 역할인 '직(職)'과 생계유지를 위한 일인 '업(業)'의 합성어
2) 자신의 적성과 능력에 따라 일정한 기간 계속하여 종사하는 일

(2) 직업의 기능
1) **생계유지** : 경제적 소득의 안정적 확보 수단
2) **자아실현** : 자신의 재능과 능력을 발휘하여 성취감과 보람을 느낌
3) **사회 참여** : 사회 구성원으로서 역할을 분담하고 수행하여 사회 발전에 참여

> **직업의 어원**
>
> • 'job', 'occupation' : 보수와 금전을 획득하는 경제력의 근원으로 생계유지를 위해 일을 함
> • 'profession' : 일이 지니는 사회적 지위나 위상
> • 'vocation', 'calling' : 신의 부름을 받아 행하는 일로, 소명 또는 천직의 의미가 포함

2. 직업에 대한 다양한 관점

(1) 동양의 직업관
1) **공자** : 자신의 직분에 충실하는 정명(正名)을 강조함
2) **맹자** : 도덕적 삶(항심(恒心))을 지속하기 위해 경제적 안정을 위한 일정한 생업(항산(恒産))이 필요함
3) **순자** : 예(禮)의 제도와 규범으로 적성과 능력에 따라 사회적 신분과 직분을 분담하여 역할을 수행하도록 함
4) **장인 정신** : 자기 일에 긍지를 가지고 전념하거나 한 가지 기술에 정통하려고 노력하는 것

> **공자의 정명(正名)**
> • "임금은 임금답고 신하는 신하답고, 아버지는 아버지답고 아들은 아들다워야 합니다. 만약 그러지 못하면 비록 곡식이 있어도 임금도 어찌 그것을 얻어서 먹을 수 있겠습니까?"
>
> **맹자**
> • "항산(恒産)이 없어도 항심(恒心)을 갖는 것은 오직 선비만이 할 수 있습니다. 일반 백성은 항산이 없으면 그로 인하여 항심도 없어지게 됩니다."

(2) 서양의 직업관

1) **플라톤** : 각 계층에 속한 사람들이 고유한 덕(德)을 발휘하여 자신의 직분에 충실하면 정의로운 국가를 이룩하게 됨
2) **중세 그리스도교** : 노동은 원죄에 대한 속죄의 의미를 가지며 신이 부과한 것임
3) **칼뱅** : 직업은 신의 거룩한 부르심, 즉 소명(김命)이며 직업의 성공을 위해 근면, 성실, 검소한 생활이 필요함
4) **마르크스** : 노동의 본질은 물질적 가치를 창출하는 것이라고 보고, 노동자가 노동의 생산물에서 소외되는 자본주의 경제체제를 비판함

3. 직업 선택의 중요성과 행복한 삶

(1) 직업 선택의 중요성 : 직업은 행복한 삶의 통로이기 때문에 경제적 보상과 사회적 지위만이 아니라 자신의 적성과 능력에 알맞은 직업 선택이 필요함

(2) 직업 생활과 행복

1) 자신이 좋아하는 일에 몰입하는 충실한 직업 생활로 행복을 실현함
2) 타인을 배려하고 존경하는 직업 생활로 행복을 실현함

02 | 직업 윤리와 청렴

1. 직업 윤리의 의미와 필요성

(1) 직업 윤리의 의미 : 직업 생활에서 지켜야할 윤리 규범

(2) 직업 윤리의 내용 : 정직, 성실, 신의, 책임, 의무

(3) 직업 윤리의 필요성 : 부정부패와 비리를 막고 개인의 자아실현과 공동체 발전에 기여

2. 기업가와 근로자 윤리

(1) 기업가 윤리 : 합법적인 이윤 추구, 근로자의 권리 존중, 소비자에 대한 책임 부담, 사회적 책임 이행

(2) 근로자 윤리 : 자신의 책임과 역할 수행, 전문성 향상, 잠재력 발휘, 동료 근로자와 연대 의식 형성, 기업가와의 협력 추구

3. 전문직과 공직자의 윤리

(1) 전문직

1) **전문직의 특징** : 고도의 교육과 훈련을 통하여 사회적으로 승인된 자격 취득, 전문 지식과 기술의 독점적·자율적으로 수행, 높은 보수와 존경의 대상으로 사회적 영향력이 큼

2) **전문직 윤리** : 직업적 양심과 책임의식, 노블레스 오블리주

노블레스 오블리주

노블레스 오블리주(noblesse oblige)는 사회적 고위층이나 고위 공직자에게 요구되는 높은 수준의 도덕적 의무이다. 초기 로마의 왕과 귀족이 평민보다 앞장서서 솔선수범한 데서 유래한 말이다. 로마의 귀족들은 평민보다 앞서서 절제된 행동과 납세의 의무를 다했으며, 전쟁이 일어나면 자신의 재산으로 전쟁세를 내어 국가를 수호하였다. 근대와 현대에 이르러서도 이러한 도덕의식은 계층 간 대립을 해결할 수 있는 최고의 수단으로 여겨져 왔다. 즉, 일반 국민보다 더 많은 권력과 힘을 지닌 사회 지도층에게 도덕적 솔선수범을 요청하는 개념이 바로 노블레스 오블리주이다.

(2) 공직자의 특징과 공직자 윤리

1) **공직자의 특징** : 국가 기관이나 공공단체의 종사자, 국민의 권한을 위임받은 공무 수행 대리인, 법적 구속력을 갖는 의사 결정을 통해 사회와 국가에 대한 영향력이 지대함

2) **공직자 윤리** : 청렴, 봉공, 봉사의 자세

4. 직업 생활에서의 청렴한 자세의 중요성

(1) 부패

1) **부패의 의미** : 개인의 이익을 위해 자신의 직위를 이용하는 위법 행위

2) **부패의 문제점** : 시민 의식 발달과 사회 발전을 저해하고 국가 신인도 하락을 초래할 수 있음

(2) 청렴

1) **청렴의 의미** : 뜻과 행동이 맑고 염치를 알아 탐욕을 부리지 않는 상태

2) **청렴의 필요성** : 부패를 방지·근절하고 도덕적 인격을 형성해 자아실현과 공동체 발전에 기여

3) **청렴과 관련된 전통 윤리** : 청백리(淸白吏) 정신, 견리사의(見利思義) 등

4) **청렴한 자세를 위한 제도적 노력** : 내부 공익 신고제도, 부패 방지법 제정, 부정 청탁 및 금품 등 수수 금지에 관한 법률 제정, 시민 단체의 감시 활동 등

사회 정의와 윤리

01 | 사회 정의의 의미

1. 개인 윤리와 사회 윤리

(1) 개인 윤리와 사회 윤리

	개인 윤리적 관점	사회 윤리적 관점
의미	개인의 도덕성 회복을 통한 윤리 문제 해결	사회의 구조와 제도의 개선을 통한 윤리 문제 해결
내용	도덕적 판단 능력, 실천 의지, 도덕적 습관 등의 함양	법과 제도의 개선, 공공 정책의 변화, 정치적 강제력
이상	도덕성과 이타성의 실현	공동선과 사회 정의 실현

(2) 니부어

    1) 집단에 속한 개인은 이기적으로 행동하기 쉬움 → 도덕적 개인으로 구성된 집단 ≠ 도덕적 집단 → 개인의 도덕성과 집단의 도덕성 구분 필요

    2) **문제 해결** : 도덕적이고 합리적인 조정 · 설득 + 정치적 강제력에 의한 방법

(3) 현대 사회의 윤리 문제 해결 : 개인 윤리적 관점과 사회 윤리적 관점 모두 필요

2. 사회 정의

(1) 사회 정의의 의미 : 사회 구성원에게 합당한 몫을 부여하고 그 몫에 대한 권리와 책임을 정당하게 규정하는 것

(2) 사회 정의의 분류

    1) **분배적 정의** : 사회적 재화의 이익과 부담에 대한 공정한 분배

    2) **교정적 정의** : 위법과 불공정에 대한 공정한 처벌과 배상

    3) **절차적 정의** : 합당한 몫을 결정하는 공정한 절차

> **정의**
> - 동양 : 천리( )에 부합하는 '올바름' 또는 올바른 도리, 의로움
> - 서양 : '올바름' 또는 '공정함', 각자에게 각자의 것을 위하며 법이 정하는 대로 따르는 것

(3) 분배적 정의의 기준

분배 기준	장점	단점
절대적 평등	기회, 혜택의 균등한 분배	생산 의욕과 책임 의식 저하
필요	약자 보호, 사회 안정성 향상	재화 불충분, 효율성 저하
능력	탁월성과 실력에 대한 합당한 보상	우연성, 선천적 영향 배제 어려움
업적	생산성 향상, 객관적 평가의 용이함	약자 배려 약화, 과열 경쟁
노동(노력)	책임 의식 향상	객관적 기준 마련이 어려움

(4) 절차적 정의의 필요성

1) 분배 기준들이 모든 상황에 적용될 수 있는 포괄적, 보편적 기준이 아님
2) 분배 결과보다 과정의 공정한 합의로 사회 정의의 정당성을 확보하려는 절차적 정의가 대두됨

02 | 분배적 정의와 윤리적 쟁점

1. 현대 사회의 다양한 정의관

(1) **롤스** : 공정으로서의 정의

1) **절차적 정의** : 분배 절차를 공정하게 합의했다면 결과도 공정하다고 인정함
2) **원초적 입장** : 분배 절차의 공정한 합의를 위해서 무지의 베일을 쓴 타인과 자신의 자연적 · 사회적 조건에서 벗어난 가상적 상황
3) **정의의 원칙**

제 1의 원칙	평등한 자유의 원칙	모든 사람은 기본적 자유에 대하여 동등한 권리를 가져야 한다.
제 2의 원칙	차등의 원칙	최소 수혜자에게 최대 이익이 되어야 한다.
	공정한 기회 균등의 원칙	모든 사람에게 직책과 직위가 개방되어야 한다.

(2) 노직 : 소유권으로서의 정의

   1) 개인의 소유권 : 개인의 정당한 소유물에 대한 배타적 · 절대적 권리

   2) 개인의 소유권을 침해하지 않고, 개인의 권리를 보호하는 역할만을 수행하는 최소 국가를 정당하다고 주장함

   3) 정의의 원칙

     ① 취득의 원칙 : 정의의 원리에 따라 소유물을 취득한 자는 그 소유물에 대한 소유 권리를 지닌다.

     ② 이전의 원칙 : 소유물의 소유 권리를 가진 사람에게 정의의 원리에 따라 그 소유물을 취득한 자는 그 소유물에 대한 소유 권리가 있다.

     ③ 교정의 원칙 : 취득의 원칙, 이전의 원칙을 따르지 않은 부당한 취득은 교정되어야 한다.

(3) 왈처 : 복합 평등의 다원적 정의

   1) 다양한 삶의 영역에서 각기 다른 정의의 기준에 따라 사회적 가치가 분배되어야 함

   2) 정의의 원칙 : 어떠한 사회적 가치 x도 x의 의미와는 상관없는 단지 누군가 다른 가치 y를 가지고 있다는 이유만으로 y를 소유한 사람에게 분배되어서는 안 된다.

2. 우대 정책의 윤리적 쟁점

(1) 우대 정책의 의미 : 특정 집단에 대한 역사적, 사회 구조적 부당한 차별과 불평등을 바로잡기 위해 분배적 혜택을 주는 보상과 우대하는 정책

(2) 우대 정책의 논쟁

우대 정책의 찬성 논거	우대 정책의 반대 논거
· 보상의 논리 : 과거의 차별 때문에 받아 온 고통에 대해 보상받을 권리가 있음 · 재분배의 논리 : 사회적 약자에게 경제적 부나 사회적 지위를 얻을 수 있는 유리한 기회를 부여해야 할 필요가 있음 · 공리주의 논리 : 사회적 약자를 배려하면 사회적 긴장을 완화하고 사회 전체의 평화와 행복을 증진시킬 수 있음	· 보상 책임의 부당성 논리 : 과거의 차별에 대해 잘못이 없는 후손에게 보상의 책임을 지우는 것은 부당함 · 역차별의 논리 : 사회적 약자에 대한 특혜는 일반 사람의 기회를 박탈하여 또 다른 차별을 낳을 수 있음 · 업적주의 원칙 위배 논리 : 우대 정책에 따라 노력이나 성취를 무시하는 것은 공정하지 못함

1. 교정적 정의의 의미와 관점

(1) 교정적 정의의 의미와 역할

1) **교정적 정의의 의미** : 부당한 피해 행위에 대한 불균형과 부정의를 바로 잡는 것

2) **역할** : 시민권의 보장, 공공의 안전 확보, 배상과 처벌의 정당화

(2) 처벌에 대한 교정적 정의의 관점들

응보주의	공리주의
· 처벌의 고통은 범죄 행위에 대한 응당한 보복과 정당한 대가 · 처벌은 위법에 대해서만 부과되며, 처벌을 통해 정의 실현 · 범죄 행위에 상응하는 동등한 형벌 부과 · 범죄에 대한 개인의 책임 강조	· 처벌의 고통은 필요악이지만 사회 전체 행복의 증진을 위한 조치 · 처벌은 범죄 예방과 사회 안전을 위한 효과적 수단 · 위법의 이익보다 형벌의 손실이 더 큰 정도의 형벌 부과 · 처벌의 사회적 효과 강조

2. 사형 제도의 윤리적 쟁점

(1) **사형의 의미** : 범죄자의 생명을 인위적으로 박탈하는 법정 최고형

(2) 사형에 대한 관점

1) **칸트** : 응보주의적 관점에서 살인자에 대한 사형은 정당하며 사형 이외의 형벌은 정의에 부합하지 않음. 사형은 범죄자의 고통받는 인격을 해방하여 인간의 존엄성을 실현하는 것

2) **루소** : 사회 계약설의 관점에서 계약자는 자신의 생명 보존을 위해서 살인자의 사형에 동의하였음

3) **베카리아** : 생명은 양도할 수 없는 것이기 때문에 사형은 불가하며, 공리주의적 관점에서 사형보다 종신 노역형이 범죄 예방과 사회 전체 이익 증진에 부합하므로 사형 제도는 폐지되어야 함

(3) 사형 제도의 윤리적 쟁점

찬성 입장	반대 입장
· 범죄 억제 효과가 매우 큼 · 처벌의 목적은 인과응보적 응징 · 국민의 일반적 법 감정은 사형 제도를 지지함 · 흉악 범죄인의 생명을 박탈하는 것이 사회적 정의임 · 종신 노역형은 비용 부담이 크고 오히려 비인간적일 수 있음	· 범죄 억제 효과가 없음 · 처벌의 목적은 교육과 교화 · 인도적 차원에서 잔혹한 형벌인 사형 제도 폐지 · 정치적 악용 가능성 · 오심으로 사형의 원상복구 불가능성

03 국가와 시민 윤리

01 | 국가의 권위와 시민에 대한 의무

1. 국가 권위의 정당성 조건

(1) 국가 권위의 의미 : 시민들이 국가의 뜻을 따르게 하는 힘

(2) 국가 권위의 정당성에 대한 관점

  1) **아리스토텔레스** : 인간은 본성적으로 정치적 존재이며, 정치 공동체 속에서만 최선의 삶이 가능하기 때문임(본성론)
  2) **사회 계약설(홉스, 로크)** : 시민들의 자발적 합의로 위임된 국가의 권위에 의해서 시민들의 권리를 보호할 수 있기 때문임
  3) **공리주의** : 국가의 법을 지키는 것이 '최대 다수의 최대 행복'을 증진하는 방편이기 때문임
  4) **흄** : 국가가 시민에게 여러 가지 혜택을 제공하므로 국가에 복종해야 함(혜택론)

2. 동양 사상에 나타난 국가의 역할

(1) 공자, 맹자(유교)

  1) 위민, 민본주의 강조
  2) 군주는 인격 수양으로 덕을 쌓아 백성을 교화해야 함
  3) **대동사회(大同社會)** : 노인에게 편안한 여생, 젊은이에게 적절한 일자리 제공, 의지할 곳 없는 이들에게 보호를 제공하는 것을 군주의 의무로 봄
  4) **맹자** : 생업이 보장되어야 백성들이 도덕적 삶 영위, 역성혁명(易姓革命) 인정

(2) 묵자 : 무차별적 사랑(兼愛)과 상호 이익이라는 하늘의 뜻을 따라야 함

(3) 한비자 : 엄격한 법에 따라 상벌을 적절하게 제공하여 사회 질서 유지

(4) 정약용 : 지방관은 애민(愛民) 정신으로 노약자와 빈자와 병자를 돌보아 주고 가난한 백성의 장례를 지원하고 각종 재난에서 구제해야 함

3. 서양 사상에 나타난 국가의 역할

(1) 사회계약설

1) 홉스 : 국가는 만인의 만인에 대한 투쟁 상태에 놓인 사람들의 생명과 재산을 보호하고 사회 질서를 형성해야 함

2) 로크 : 국가는 분쟁을 해결하고 개인의 생명, 자유, 재산을 보호하며 평화롭고 안전하고 행복한 삶을 살게 해야 함

3) 루소 : 국가는 사유 재산이 증가하면서 발생한 사회적 불평등을 해결하고 시민의 생명을 보존하고 번영하도록 해야 함

(2) 밀 : 국가는 시민이 타인에게 해악을 끼칠 경우를 제외하고는 시민의 자유와 기본권을 보장해야 함

(3) 롤스 : 국가는 개인의 평등한 자유를 보장하고, 사회의 가장 불리한 위치에 있는 사람에게 최대 이익이 돌아가게 하며, 사회에서 누구나 높은 지위에 오를 수 있는 기회를 평등하게 부여하는 질서 정연한 정의 사회를 실현해야 함

02 | 민주 시민의 참여와 시민 불복종

1. 민주 시민의 권리와 의무

(1) 민주 시민의 권리와 의무

1) 민주 시민의 권리 : 시민의 생명 · 재산 · 인권의 보호, 사회 보장과 복지의 증진, 공공재의 효율적인 관리와 제공 등을 요구할 수 있는 권리

2) 민주 시민의 의무 : 국가가 시민을 위한 역할을 잘 수행하고 있는지 지속적으로 확인하고 지원하며 참여할 의무

(2) 동 · 서양 사상

1) 동양의 유교

① 부모에게 효도하는 것과 같이 백성이 국가에 충성하는 것을 의무로 간주함

② 맹자 : 군주는 민본주의를 바탕으로 왕도 정치를 실천해야 하며, 백성은 군주가 백성을 위한 정치를 하지 않는다면 역성혁명(易姓革命)을 일으킬 수 있음

2) 서양의 사회 계약론

① 시민은 자연에 따른 권리의 주체로서 자유를 정당하게 행사할 권리가 있음

② 자신과 동등한 타인의 자유와 권리를 침해하지 않으면서 정치 공동체의 구성원으로서 공동선을 지향해야 할 의무가 있음

③ 시민은 사회 계약을 위반한 정부에 저항할 권리가 있음

2. 시민 참여의 의미와 필요성

(1) 시민 참여의 의미 : 정부의 정책 결정 과정에 영향을 미치는 것을 목적으로 한 시민 활동

(2) 민주 시민의 참여의 필요성

1) 대의 민주주의의 한계 보완, '시민에 의한 통치'라는 민주주의의 이념 실현

2) 다양한 의견 수렴을 통한 사회 문제의 효과적 해결

(3) 시민 참여 방법

1) **시민 참여 분야** : 정책의 입안, 결정, 집행, 평가 과정 등 정부와 사회의 모든 활동

2) **시민 참여 방법** : 공청회, 자문회, 주민 투표제, 주민 소환제, 주민 감사 청구제, 국민 참여 재판 등

3. 시민 불복종

(1) 시민 불복종의 의미 : 부정의한 법과 정책에 대한 시민들의 의도적 위법 행위

(2) 시민 불복종의 근거

1) **드워킨** : 헌법 정신에 어긋나는 법률에 대해서 시민은 저항할 수 있음

2) **소로** : 헌법을 넘어선 개인의 양심이 저항의 최종 판단 근거임

3) **롤스** : 공공의 정의관이 저항의 기준이 되어야 함

(3) 시민 불복종의 사례

1) **소로의 납세 거부 운동** : 노예제와 멕시코 전쟁에 반대

2) **간디의 소금법 거부 운동** : 영국의 식민 통치에 저항

3) **킹 목사의 흑인 차별 철폐 운동** : 인간의 존엄성을 훼손하는 법에 불복종

(4) 시민 불복종의 정당화 조건

1) **비폭력성** : 비폭력적인 방법으로 행함

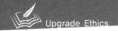

2) 최후의 수단 : 합법적인 노력이 효과가 없을 때 마지막 수단이어야 함

3) 정의 실현 : 특정한 집단의 이익을 위해서가 아닌 사회 정의를 실현하고자 해야 함

4) 법에 대한 충실성 : 기존 사회 질서와 법질서에 대한 존중으로 이루어져야 함

5) 처벌 감수 : 법을 어기는 행위이기 때문에 그에 따른 처벌을 감수해야 함

소로의 시민 불복종

나는 이렇게 생각한다. 우리는 먼저 인간이 되고 그 후에야 다스림을 받는 국민이 되어야 한다. 법률을 정의처럼 존중하는 생각을 길러 주는 것은 바람직한 일이 못 된다. 내가 마땅히 소유할 권리가 있는 단 하나의 의무, 그것은 곧 내가 옳다고 생각하는 것을 어느 때이건 행하는 것이다.

01 자신이 맡은 직업에서 지켜야 하는 행동 기준과 규범을 ( )(이)라고 한다.

02 공자는 자신의 직분에 충실하는 ( )을/를 강조하였다.

03 우리 선조들은 자신의 일에 긍지를 갖고서 기술을 연마하여 맡은 바 책임을 다하는 ( ) 정신을 강조하였다.

04 ( )은/는 직업은 신으로부터 부름받은 자기 몫의 일이라고 주장하였다.

05 ( )은/는 노동자가 노동의 생산물로부터 소외되는 자본주의 경제 체제를 극복해야 한다고 주장하였다.

06 ( )은/는 고도의 훈련과 교육을 통해 획득한 기술과 자격을 독점적 · 자율적으로 사용하는 자들이 지켜야 할 직업적 양심과 같은 윤리 규범이다.

07 ( )은/는 직업 생활에서 부당한 이득을 취하지 않고 양심과 사회 정의에 부합되게 행동하는 것이다.

08 ( )은/는 사회의 구조와 제도의 개선을 통해 현대 사회의 윤리적 문제를 해결하려는 관점이다.

09 ( )적 정의는 합당한 몫을 결정하는 공정한 절차에 대한 것이다.

10 ( )적 정의는 위법에 대한 공정한 처벌과 배상에 관한 것이다.

Exercises

11 (　　　　)에 따른 분배는 사회적 약자나 소외된 사람들을 보호하는 장점은 있으나 재화가 한정되어 있는 상황에서 모든 사람을 만족시킬 수 없다는 한계가 있다.

12 롤스는 분배 (　　　　)를 공정하게 합의했다면 그 절차로 인해 발생한 불평등한 결과는 공정하다고 본다.

13 (　　　　　)은/는 범죄자의 생명권도 보장해야 한다고 주장하며, 사형 제도는 예방 효과가 없으므로 종신 노역형이 더 정당한 처벌이라고 제안한다.

14 칸트의 (　　　　　)은/는 처벌의 본질을 동등성의 원리에 따라 범죄 행위에 상응하여 처벌하는 것이라고 본다.

15 (　　　　　)은/는 시민들이 자발적으로 국가의 뜻을 따르게 하는 힘이다.

16 (　　　　)은/는 군주는 자신의 인격을 수양하고 백성의 입장에서 통치해야 한다고 주장하였다.

17 (　　　　)은/는 인간은 이기적이기 때문에 생명과 안전을 확보하기 위해서는 계약을 통해 자신의 권리를 국가에 양도해야 한다고 주장하였다.

18 대의 민주주의를 보완하고 시민에 의한 통치를 실현하기 위해서 시민의 적극적 (　　　　)이/가 필요하다.

19 루소는 생명과 재산을 보호하는 계약을 위반한 군주에 대해서 (　　　　)을/를 행사할 수 있다고 주장하였다.

20 마틴 루서 킹은 인간의 존엄성과 인격을 무시하거나 부정하는 법에 대해 (　　　　)을/를 해야 한다고 주장하였다.

정답　1. 직업 윤리　2. 정명　3. 장인　4. 칼뱅　5. 마르크스　6. 전문가 윤리　7. 청렴
8. 니부어　9. 절차　10. 교정　11. 필요　12. 절차　13. 베카리아　14. 응보주의
15. 국가 권위　16. 공자　17. 홉스　18. 참여　19. 저항권　20. 시민 불복종

IV

과학과 윤리

U
P
G
R
A
D
E
·
E
T
H
I
C
S

과학 기술과 윤리

01 | 과학 기술의 성과와 윤리적 문제

1. 과학 기술의 성과와 윤리적 문제

(1) 과학 기술의 성과

1) 물질적 풍요와 편리한 삶 : 농업 기술 발달로 생산량 증가, 자동화된 공장에서 상품이 대량 생산되고 자동화가 이루어짐 → 여가 생활을 누릴 수 있음

2) 시공간적 제약 극복 : 교통과 정보 통신 기술의 발달로 인해 교류 범위가 확대되어 실시간으로 정보 교환이 가능해짐

3) 건강 증진과 생명 연장 : 생명 과학과 의료 기술 발달로 질병 극복, 인간 수명 연장이 가능해짐

> **과학(science)**
> 지식을 뜻하는 라틴어 '스키엔티아(scientia)'에서 유래한 말이다.
>
> **기술(technology)**
> 고대 그리스에서 사용된 '테크네(techne)'에서 유래한 말이다.

(2) 과학 기술의 윤리적 문제

1) 환경 문제 발생 : 인간의 자연에 대한 지배를 강화하여 자연 고갈, 생태계 파괴, 기후 변화 등 심각한 환경 문제를 발생시킴

2) 생명의 존엄성 훼손 : 생명 공학 기술 발달로 생명을 도구화하고 수단화하고 있음

3) 인권과 사생활 침해 : 정보 통신기술 발전으로 개인 정보 유출, 사이버 모욕 및 폭력 등의 문제가 발생하고, '전자·정보 판옵티콘' 사회와 '빅브라더'가 출현할지도 모른다는 우려를 낳음

> • **판옵티콘(panopticon)** : 영국 철학자 벤담이 죄수를 감시할 목적으로 제안한 원형 모양의 감옥 건축 양식으로, 이것은 감시자의 존재를 드러내지 않으면서 끊임없이 수용자를 감시할 수 있는 구조이다.
> • **빅브라더(big brother)** : 정보를 독점하고 사회를 통제하는 권력을 일컫는 말로, 조지 오웰의 소설 "1984"에 처음 등장하였다. 빅브라더는 집안과 거리 곳곳에 설치된 '텔레스크린'으로 사람들의 행동을 감시하는 권력을 일컫는다.

2. 과학 기술을 바라보는 관점

(1) 과학 기술 지상주의
1) 과학 기술의 긍정적인 측면만 강조하며, 과학 기술이 사회의 모든 문제를 해결해 줄 수 있다고 보는 입장
2) **문제점** : 과학 기술의 부정적 측면을 간과하고, 인간의 반성적 사고 능력을 훼손시킬 수 있음

(2) 과학 기술 혐오주의
1) 과학 기술의 부정적인 측면만을 강조하며, 과학 기술로 인해 결국 인간 소외와 기술 지배가 전면화한다고 주장하는 입장
2) **문제점** : 과학 기술의 가치를 인정하지 않고 과학 기술의 혜택과 성과를 전면 부정하고 있음

02 | 과학 기술의 가치 중립성 논쟁

1. 과학 기술의 가치 중립성에 대한 입장

(1) 과학 기술의 가치 중립성 인정
1) 과학 기술 그 자체로 좋은 것도 나쁜 것도 아님 → 사회적 책임과 윤리적 평가로부터 자유로움
2) 과학 기술은 객관적 지식의 발견과 활용만을 목적으로 함
3) 과학 기술 결과에 대한 책임은 실제로 과학 기술을 활용한 사람들의 몫임

(2) 과학 기술의 가치 중립성 부정
1) 과학 기술에는 일정한 목적이나 의도가 개입되어 있음 → 과학 기술은 가치 판단에서 자유로울 수 없음
2) 과학 기술은 윤리적 가치에 의해 지도 · 규제받아야 함
3) 과학 기술의 연구 및 활용의 전 과정을 독립적인 영역으로 여겨서는 안 됨

> • 과학 기술의 가치 중립성을 인정한 야스퍼스 : 기술은 그 자체로 선하지도 악하지도 않는 수단이다. 그것은 인간이 기술로부터 무엇을 만드느냐, 기술이 인간의 무엇을 위해 이바지하느냐, 그리고 어떠한 조건에서 기술이 만들어지느냐에 달려 있다.
> • 과학 기술의 가치 중립성을 부정한 하이데거 : 과학 기술을 가치중립적인 것으로 고찰할 때 우리는 무방비한 상태로 과학 기술에 내맡겨진다.

2. 과학 기술의 발전을 위한 올바른 태도

(1) 과학 기술에 대한 가치 평가

1) **과학 기술의 정당화 과정** : 과학 기술이 객관적 타당성을 갖춘 지식이나 원리로 인정 받는 과정으로, 실험과 관찰 등 객관적인 방법을 통해 검증이 이루어지는 단계이므로 연구자의 주관적 가치가 개입되면 안 됨 → 과학 기술의 가치 중립성을 인정함

2) **과학 기술의 발견 및 활용 과정** : 연구 목적을 설정하고 연구 결과를 활용하는 과정에 서는 연구자의 가치관 등 다양한 가치가 개입될 수 있음 → 과학 기술은 윤리적 가치 평가에 의해 지도되고 규제받아야 함

(2) 과학 기술에 대한 올바른 태도 : 과학 기술의 궁극적 목적은 인간의 존엄성 구현과 삶의 질 향상임을 염두에 두어야 함

3. 과학 기술의 사회적 책임

(1) 과학 기술자의 책임

1) **과학 기술자의 내적 책임**

① 연구 자체에 대한 책임이 필요함

② 과학 기술자는 연구 과정에서 날조, 변조, 표절, 부당한 저자 표기 등 비윤리적인 행위를 하지 말아야 함

2) **과학 기술의 외적 책임**

① 자신의 연구 결과가 사회에 미칠 영향에 대한 책임을 져야 함

② 과학 기술자는 사회적으로 해로운 결과가 예상되는 연구의 경우 그 위험성을 알리고 연구를 중단해야 함

(2) 사회적 책임을 위한 노력

1) **개인적 차원의 노력** : 과학 기술이 인간의 존엄성을 위해 공헌하고 있는지 관심을 가지며, 과학 기술의 사용 방향에 대한 선택과 결정에 적극 참여해야 함

2) **사회적 차원** : 기술 영향 평가 제도를 실시하고, 과학 기술 윤리위원회 등을 설치하며, 과학 기술의 활용에 관한 시민들의 감시와 참여를 이끌어 내는 장치의 제도화가 필요함

(3) 요나스의 책임 윤리

1) **책임 범위 확대** : 현 세대뿐만 아니라 미래 세대, 자연까지 확대함

2) 행해진 것에 대한 사후 책임뿐만 아니라 나아가 행위 되어야 할 것에 대한 사전적 책임을 강조함 → 미래 지향적인 책임을 주장함

3) 과학 기술의 발전이 사회에 미치게 될 결과를 예측하여 이에 대한 도덕적 책임을 져야 한다고 함

과학의 힘을 부여받은 프로메테우스와 책임

요나스는 과학의 힘을 다음과 같이 비유적으로 말하였다. "프로메테우스는 과학을 통해 이제까지 알려지지 않았던 힘을 부여받아 사슬로부터 풀려났지만, 그는 자신의 힘이 불행을 자초하지 않도록 스스로를 제어해야 한다." 이 말은 과학 기술에 대한 인간의 반성을 촉구하고 있다.

정보 사회와 윤리

01 | 정보 기술의 발달과 정보 사회

1. 정보 기술의 발전에 따른 삶의 변화

(1) 삶의 편리성 향상 : 인터넷을 통해 생활에 필요한 정보를 빠르게 검색하고 활용하여 일상생활 속의 일을 편리하게 처리할 수 있음

(2) 정치 참여 기회 확대 : 정보 통신망을 통해 정치적 의사 결정에 직접 참여 가능해짐

(3) 다양성을 존중하는 사회 분위기 조성 : 누구나 자유로운 의사 표현이 가능하고, 사이버 공간에서 다양한 의견을 주고받음으로써 수평적이고 다원적인 사회로 변화됨

2. 정보 기술의 발전에 따른 윤리적 문제

(1) 사이버 폭력 : 사이버 공간에서 다양한 수단으로 육체적·정신적 피해를 주는 모든 행위로, 사이버 따돌림, 사이버 명예 훼손, 사이버 스토킹 등이 있음

(2) 사생활 침해

1) **사생활 침해** : 자신의 의사와 무관하게 여러 가지 개인 정보가 다른 사람에게 노출되거나 악용되는 것임
2) 개인의 정보 보호, 정보의 자기 결정권, 잊힐 권리가 강조됨

정보 자기 결정권과 잊힐 권리

- 정보 자기 결정권 : 자신과 관련된 정보의 공개 대상이나 형식, 범위, 기간 등 그 정보의 유통 과정 전체에 대해 개인이 인지하고 정당한 처리를 요구할 수 있는 권리
- 잊힐 권리 : 개인 정보를 비롯해 자신이 원하지 않는 민감한 정보들이 포털 사이트 등을 통해 많은 사람들에게 공개되지 않도록 정보를 통제할 수 있는 권리

---

(3) 저작권 문제

  1) **정보 사유론(copyright)**

    ① 정보는 사유재 → 정보 창작자의 정보 생산에 필요한 시간과 노력, 비용에 대한 대가를 지불해야 함

    ② 창작자의 창작 의욕을 높여 양질의 정보를 생산할 수 있음

    ③ 비판 : 정보 격차 문제가 발생할 수 있음

  2) **정보 공유론(copyleft)**

    ① 정보는 공공재 → 공동체의 이익을 위해 사용되어야 함

    ② 저작물을 공유하고 자유롭게 이용함으로써 창작 활동이 활발해지며 정보의 질적 발전을 이룰 수 있음

    ③ 비판 : 창작자의 노력을 고려하지 못하고, 저작물의 질적 수준의 저하 문제가 발생할 수 있음

3. 정보 사회에서 요구되는 정보 윤리

(1) 정보 윤리의 필요성 : 일상생활 속에서 기존 윤리 이론만을 적용하여 해결하기 어려운 문제가 발생함 → 인간의 존엄성과 기본권, 사회 정의와 공동선과 같은 기본 가치를 토대로 정보 사회에 필요한 윤리 원칙을 마련하고, 이를 사이버 공간에서 발생하는 문제 상황에 적용함으로써 그 해결책을 모색해 나가야 함

(2) 사이버 공간에서 지켜야 할 윤리 원칙

  1) **인간 존중의 원칙** : 다른 사람의 인격과 사생활, 지적 재산권 등을 존중해야 함

  2) **책임의 원칙** : 정보를 자유롭게 제작하고 유통할 때 자신의 행동이 가져올 결과를 생각하고 행동해야 함

  3) **정의의 원칙** : 다른 사람의 기본적 자유와 권리를 침해하지 않고, 정보의 진실성과 공정성을 추구해야 함

  4) **해악 금지의 원칙** : 다른 사람에게 해악을 끼치지 말아야 함

02 | 정보 사회와 매체 윤리

1. 뉴미디어의 특징과 문제점

(1) 뉴미디어의 의미 : 기존의 매체들이 제공하던 정보를 인터넷을 통해 가공, 전달, 소비하는 포괄적 융합 매체를 뜻함

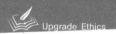

(2) 뉴미디어의 특징

1) **종합화** : 아날로그 시대에 개별적으로 존재했던 매체들이 하나의 정보망으로 통합되는 것

2) **상호 작용화** : 송 · 수신자 간 쌍방향 정보 교환이 가능함

3) **비동시화** : 송 · 수신자 간 원하는 시간에 정보를 볼 수 있음

4) **탈 대중화** : 대규모 집단에 획일적 메시지를 전달하는 방식에서 벗어나 특정 대상과 특정 정보를 상호 교환할 수 있음

5) **능동화** : 이용자가 더욱 능동적으로 정보에 접근할 수 있음

6) **디지털화** : 모든 정보를 디지털화함으로써 정보를 신속하고 정확하게 처리할 수 있음

(3) 뉴미디어의 문제점

1) 전문성이 검증되지 않은 정보가 많음

2) 허위 정보나 음란 · 폭력 · 유해 정보를 전달하기도 함

3) 폭력적이고 자극적인 정보로 이윤을 추구하기도 함

2. 국민의 알 권리와 개인의 인격권의 관계

(1) 알 권리 : 국민은 사회적 현실에 관한 정보를 자유롭게 알 수 있는 권리 → 다양한 매체는 국민의 알 권리 보장을 위해 중요한 정보를 제공하며, 이는 사회적 · 정치적 · 경제적 현실에 대한 국민의 의사 결정과 태도 형성에 큰 영향을 끼쳐 왔음

(2) 인격권 : 인간의 존엄성에 바탕을 둔 사적 권리

(3) 국민의 알 권리와 인격권의 관계 : 정보를 전달할 때 국민의 알 권리를 보장하려고 노력하되, 그 정보가 개인의 인격권을 침해하는지 검토해 보아야 함

인격권의 종류

- 성명권 : 자신의 성명을 사용하는 것에 관한 권리
- 초상권 : 자신의 초상에 관한 독점적인 권리
- 저작 인격권 : 저작자가 자신의 저작에 관해 갖는 권리
- 사생활권 : 자신의 사적 생활이 공개되거나 침해당하지 않을 권리

---

3. 매체의 기능 및 영향력

(1) 정보 제공 : 매체는 다양한 정보를 제공하고, 사람들은 이러한 정보를 통해 위기에 대응하고 안전한 생활을 누리게 됨

(2) 정보의 의미에 대한 해석 및 평가 : 매체는 특정 인물이나 사회의 쟁점을 파고들어 사회적으로 부각시키는 기능을 함

(3) 가치와 규범의 전달 : 대중 매체는 한 사회의 전통과 가치, 규범 등을 다음 세대에 전달하는 기능을 함

(4) 휴식과 오락의 기회 제공 : 대중은 다양한 오락 프로그램을 통해 스트레스를 해소할 수 있고, 교양 · 예술 프로그램을 통해 문화와 예술의 취향을 높일 수 있음

4. 정보 사회에서의 매체 윤리

(1) 정보 생산 및 유통 과정에서 필요한 윤리

1) **진실한 태도** : 정보를 자의적으로 해석하거나 왜곡해서는 안 되고, 의견 표명 시 객관성과 공정성을 가져야 함
2) **개인의 인격 존중** : 알권리 충족을 위해 개인의 명예, 사생활, 인격권을 침해하지 않도록 해야 함
3) **배려하는 자세** : 타인에 대한 이해를 바탕으로 상대방을 배려하며, 타인의 의견을 고려해야 함

(2) 정보 소비 과정에서 필요한 윤리

1) **미디어 리터러시** : 매체를 이해하고 활용하는 능력 → 정보의 가치를 제대로 평가하기 위해 비판적 사고 능력을 지니고 매체를 활용해야 함
2) **소통과 시민 의식** : 매체 이용자가 서로 정보를 바탕으로 대화하고 교류함으로써 공동으로 체험하고 협력할 수 있는 능력과 자세가 필요함
3) **정보의 비판적 수용** : 매체가 제공하는 정보의 진위와 진실성을 판단하여 수용하고, 매체가 공정하고 객관적인 정보를 제공하는지 감시함

01 | 인간과 자연의 관계에 대한 다양한 관점

1. 자연을 바라보는 동양의 관점

(1) **유교** : 자연을 본받아 다른 존재와 타인에게 인(仁)을 실천해야 한다고 봄

(2) **불교** : 연기설(緣起說)에 근거하여 인간과 자연의 상호 의존성을 자각하고 모든 생명에 자비를 베풀 것을 강조함

(3) **도가** : 천지 만물은 무위(無爲) 체계로 보고, 자연의 순리에 따라 사는 무위자연(無爲自然)을 추구함

2. 인간 중심주의

(1) **특징** : 인간만이 도덕적 지위를 지니며, 인간 외의 모든 존재는 인간의 목적을 이루기 위한 수단으로 여김

(2) **대표적 사상가**
   1) **아리스토텔레스** : 식물은 동물의 생존을 위해서, 동물은 인간의 생존을 위해서 존재한다고 주장함
   2) **아퀴나스** : 자연은 신에 의해 창조된 것으로, 인간이 신의 명령에 따라 관리해야 할 대상이자 신의 섭리를 발견할 수 있는 대상으로 봄
   3) **베이컨** : 자연을 인류 복지의 수단으로 보고, 자연에 관한 지식의 활용을 강조함 → "지식은 힘이다."
   4) **데카르트** : 이분법적 세계관에 입각하여 자연을 단순한 물질 또는 기계로 파악함으로써 도덕적 고려의 대상에서 제외함
   5) **칸트** : 이성적 존재만이 자율적으로 행동하는 도덕적 주체가 될 수 있다고 강조하면서 자연의 도덕적 지위를 부정함
   6) **패스모어** : 온건한 인간 중심주의, 현세대를 포함한 인류의 장기적인 이익을 위해 자연친화적인 삶을 추구해야 함

(3) 한계 : 자연에 대한 인간의 지배와 착취를 정당화하여 환경 문제를 초래함

서양의 인간 중심주의

(가) 방황하고 있는 자연을 사냥해서 노예로 만들어 인간의 이익에 봉사하도록 해야 한다. 지식은 인간이 자연을 의도에 맞게 변형하여 자연에 대한 지배력을 강화하는 데 유용하다. - 베이컨

(나) 인간은 말과 기호를 사용할 줄 알고 모든 상황에 적절히 대처할 수 있는 데 반해, 동물은 움직이는 자동기계에 불과하다. - 데카르트

---

3. 동물 중심주의

(1) 특징 : 동물을 인간을 위한 수단으로 여기는 것을 반대하고, 동물 복지와 권리의 향상을 강조함

(2) 대표적 사상가

1) 싱어
   ① 공리주의에 기초한 '동물 해방론' 주장
   ② 도덕적 고려의 기준을 쾌고감수능력으로 봄
   ③ '이익 평등 고려의 원칙'에 근거하여 동물의 고통을 무시하는 행위는 '종차별주의'라고 비판함

2) 레건
   ① 의무론에 기초한 '동물 권리론' 주장
   ② 내재적 가치를 갖는 대상은 수단이 아니라 목적으로 대우해야 한다고 봄
   ③ 동물도 삶의 주체로서 내재적 가치를 지니므로 도덕적으로 존중받을 권리가 있다고 봄

(3) 한계 : 인간과 동물 사이의 이익이 충돌하는 경우에 명확한 답을 내놓기가 어렵고, 동물이외의 식물, 생태계 전체에 대한 고려가 미흡함

> **동물 중심주의**
>
> (가) 쾌락과 고통을 느낄 수 있는 능력은 다른 존재들의 이익에 관심을 가질지의 여부를 판
> 가름하는, 우리가 옹호할 수 있는 유일한 경계가 되는 것이다. - 싱어
>
> (나) 자연의 다른 존재를 위한 유용성과는 독립적으로 쾌고를 느끼며 목표를 위해 행위하
> 는 삶의 주체는 비록 의무를 지닐 수 없다 해도 삶을 영위할 권리를 갖는다. - 레건

4. 생명 중심주의

(1) 특징 : 모든 생명체는 그 자체로서 가치를 지니므로 도덕적 고려의 범위를 모든 생명체
로 확대함

(2) 대표 사상가

  1) 슈바이처

    ① 생명 외경 강조 : 모든 생명은 살고자 하는 의지가 있으며, 그 자체로서 신성함

    ② 불가피하게 다른 생명을 해쳐야 할 경우에도 생명을 함부로 죽여서는 안 되며, 그
에 대한 도덕적 책임을 자각해야 함

  2) 테일러

    ① 모든 생명체는 의식의 여부와 상관없이 자기 보존과 행복이라는 목적을 지향하는
'목적론적 삶의 중심'임

    ② 모든 생명체는 내재적 가치를 지닌 존재이므로 도덕적으로 존중하는 태도를 가져
야 함

(3) 한계 : 생태계 전체를 고려하는 것이 아니므로 오늘날 환경 문제를 극복하는 데 한계를
지님

> **생명 중심주의**
>
> (가) 생명을 유지하고 고양시키는 것을 선으로, 생명을 파괴하고 억압하는 것을 악으로 여
> 기는 것, 이것이야 말로 도덕의 절대적이고 기본적인 원리이다. - 슈바이처
>
> (나) 모든 생명은 자기 보존과 자체적 좋음을 향하여 움직이는 목적 지향적인 활동의 단일
> 한 체계라는 점에서 동등한 목적론적 삶의 중심이다. - 테일러

5. 생태 중심주의

(1) 특징 : 도덕적 고려의 범위를 무생물을 포함한 생태계 전체로 보아야 한다는 전일론(全一論)적 입장을 주장함

(2) 대표 사상가

1) 레오폴드

① 대지 윤리 : 도덕 공동체의 범위를 식물, 토양, 물을 포함하는 대지까지 포함함

② 인간은 대지의 한 구성원일 뿐이며, 자연은 인간의 이해와 상관없이 내재적 가치를 지님

2) 네스

① 심층 생태주의 : 세계관과 생활양식 자체를 생태 중심주의로 바꿈

② 큰 자아실현 : 자기를 자연과의 상호 관련성을 통해 이해하는 과정

③ 생명 중심적 평등 : 모든 생명체는 상호 연결된 공동체의 구성원으로 동등한 가치를 지님

(3) 한계 : 환경 파시즘으로 흐를 수 있고, 환경 보존을 위한 구체적 방안을 제시하기 어려움

> **생태 중심주의**
>
> (가) 어떤 것이 생명 공동체의 온전성, 안정성, 아름다움에 이바지하는 경향이 있다면 옳은 것이며, 그렇지 않다면 그른 것이다. - 레오폴드
>
> (나) 더 넓은 관점인 동일시를 통하면, 환경 보호 덕분에 자기 이익에도 도움이 된다는 것을 알 수 있다. … 자기실현을 협소한 자아의 만족으로 보는 것은 자신을 심각하게 과소평가하는 일이라는 것을 알 때, 우리는 사람들에게 더 큰 '나'라는 관념을 이야기할 수 있다. - 네스

02 | 환경 문제에 대한 윤리적 쟁점

1. 환경 문제의 원인과 특징

(1) 환경 문제의 원인 : 산업화·도시화가 되면서 화석 연료의 무분별한 사용으로 인해 자원 고갈과 환경오염 문제가 발생함

(2) 환경 문제의 특징

1) **지구자정 능력 초과** : 회복하기 어려울 정도로 파괴됨

2) **환경 문제의 전 지구적 영향** : 개인이나 한 국가의 노력만으로 해결될 수 없고 세계적인 노력이 동반되어야 해결될 수 있음

3) **책임 소재 불분명** : 책임 소재가 불분명하고, 오랜 시간이 지난 후 불특정 다수에게 피해가 나타남

2. 기후 변화와 기후 정의 문제

(1) 기후 변화 : 자연적 요인이나 인간 활동의 결과로 장기적으로 기후가 변하는 현상

(2) 기후 변화의 문제점

1) 다양한 생물종의 감소와 멸종

2) 농토의 사막화와 식량 생산량 감소

3) 해수면 상승 등으로 환경 난민을 초래함

(3) 기후 정의 : 기후 변화에 따른 불평등을 해결함으로써 실현되는 정의 → 기후 변화 문제를 형평성의 관점에서 바라봄

(4) 기후 정의를 실현하기 위한 노력

1) **선진국들의 책임 있는 자세** : 기후 변화로 고통 받는 나라에 보상과 지원을 해야 함

2) **국제적 노력 필요** : 기후 변화협약, 교토 의정서, 파리 협정 등

> • 기후 변화 협약(1992) : 지구 온난화 방지를 위한 온실가스 배출의 억제를 협약함
> • 교토 의정서(1997) : 온실가스 감축을 위한 기본 방향을 합의 – 선진국의 온실가스 배출 감축량 목표 설정, 탄소 배출권 거래제 실시

3. 미래 세대에 대한 책임과 책임 윤리

(1) 미래 세대에 대한 책임 문제 : 환경 문제는 현 세대뿐만 아니라 미래 세대까지 영향을 미친다는 점에서 미래 세대에 대한 현 세대의 책임을 요구하는 성격을 지님

(2) 요나스의 책임 윤리

    1) 의무론적 차원에서 현 세대뿐만 아니라 미래 세대 또한 환경에 대한 권리를 가짐

    2) **생태학적 정언 명법** : "내 행위의 결과가 지구 상의 인간의 삶에 대한 미래의 가능성을 파괴하지 않도록 행위하라." → 두려움, 겸손, 검소, 절제 등의 덕목을 제시함

4. 환경적으로 건전하고 지속 가능한 발전

(1) 개발과 환경 보존의 딜레마

	개발론	보존론
입장	자연 개발로 얻는 이익 중시 → 자연 개발 강조	자연 보존이 장기적으로 큰 이익 → 자연 보존 강조
문제점	환경 파괴로 이어짐	개발을 가로막고 성장을 둔화함

(2) 환경적으로 건전하고 지속 가능한 발전 : 미래 세대가 그들의 필요를 충족시킬 수 있는 가능성을 손상시키지 않는 범위에서 현재 세대의 필요를 충족시키는 개발 방식

(3) 환경적으로 건전하고 지속 가능한 발전을 위한 노력

개인적 차원	환경 친화적 소비 생활을 해야 함 → 에너지 절약 등
사회적 차원	환경을 고려하여 개발하고 건전한 환경 기술을 발전시켜야 함 → 신·재생 에너지 개발 지원 제도, 환경오염 물질 배출 규제 등
국제적 차원	환경 문제에 대한 국제 협력 체제를 갖추어야 함 → 파리 협정, 생물 다양성 협약, 탄소 배출권 거래제도, 녹색기후 기금 등

Exercises

01 정보 통신 기술의 발전은 사생활 침해, 사이버 폭력 등 여러 문제를 발생시켰고, 사회에 대한 거대한 감시 체제를 가능하게 함으로써 (　　　) 사회와 (　　　　　)이/가 출현할지도 모른다는 우려를 낳고 있다.

02 과학 기술의 가치 중립성을 (　　　)하는 입장에서는 과학 기술 그 자체는 선도 악도 아니므로 윤리적 평가의 대상이 아니며, 과학 기술을 연구·발전시키는 데 윤리가 개입해서는 안 된다고 본다.

03 과학 기술의 가치 중립성을 (　　　)하는 입장에서는 연구 목적을 설정하거나 결과를 현실에 적용할 때 가치 판단이 개입하므로 과학 기술에 대한 윤리적 성찰이 필요하다고 본다.

04 과학 기술의 목적은 객관적 지식을 발견하여 그것을 활용하는 것이지만, 이러한 목적은 궁극적으로 인간의 행복과 (　　　)의 실현이라는 윤리적 목적을 지향해야 하기때문에 상호 밀접한 관계가 있다.

05 (　　　)은/는 윤리적 책임의 범위를 인간을 포함한 자연으로, 시간적으로는 미래 세대까지 설정하였다.

06 과학 기술이 가져다주는 풍요롭고 편리한 삶을 누리되 과학 기술이 바람직한 방향으로 나아갈 수 있도록 지속적으로 (　　　)해야 한다.

07 컴퓨터와 각종 유무선 통신 기술의 발전은 많은 양의 정보를 쉽고 빠르게 주고받을 수 있는 (　　　)을/를 열었다.

08 정보 기술은 (　　　)이/가 존중되는 사회 분위기를 조성함으로써 사회가 더욱 수평화·다원화되었다.

09 타인의 인격과 사생활, 그리고 다른 사람의 저작물을 존중하는 것은 (　　) 의 원칙이다.

10 정보 사유론은 정보와 그 산물을 개인의 (　　　) 재산으로 간주하여 지적 재산권을 보호해야 한다고 본다.

11 기존의 매체들이 제공하던 정보를 인터넷을 통해 가공, 전달, 소비하는 포괄적 융합 매체를 (   )(이)라고 한다.

12 국민이 사회적 현실에 관한 정보를 자유롭게 알 수 있는 권리를 (   )라고 한다.

13 인간의 존엄성에 바탕을 둔 사적 권리를 (   )(이)라 한다.

14 매체는 사적인 이해관계로 이어질 수 있는 행동을 피해야 하며, 객관성과 공정성을 지키기 위해 (   )을/를 유지해야 한다.

15 불교는 (   )에 근거하여 인간과 자연의 상호 의존성을 자각하고 모든 생명에 자비를 베풀 것을 강조한다.

16 데카르트는 이분법적 세계관에 입각하여 자연을 단순한 물질 또는 (   )로 파악함으로써 도덕적 고려의 대상에서 제외한다.

17 (   )은/는 자연을 인류의 복지를 위한 수단으로 보고 자연에 관한 지식의 활용을 강조한다.

18 (   )은/는 공리주의에 근거하여 쾌락과 고통을 느끼는 능력을 도덕적 고려의 기준으로 삼는다.

19 생태 중심주의는 도덕적 고려의 범위를 개별 생명체가 아닌 생태계 전체로 보아야 한다는 (   )적 입장을 취한다.

20 환경적으로 건전하고 (   )은/는 인간과 자연이 공존해야 한다는 전제 아래 경제 성장과 환경 보존의 조화와 균형을 추구한다.

정답　1. 판옵티콘, 빅브라더　2. 인정　3. 부정　4. 존엄성　5. 요나스　6. 성찰　7. 정보화
8. 다원성　9. 존중　10. 사유　11. 뉴미디어　12. 알 권리　13. 인격권　14. 독립성
15. 연기설　16. 기계　17. 베이컨　18. 싱어　19. 전체론　20. 지속가능한 발전

V

문화와 윤리

01 예술과 대중문화 윤리

01 | 예술과 윤리의 관계

1. 예술의 의미와 기능

(1) 예술의 의미 : 아름다움을 표현하고 창조하는 인간의 모든 활동과 그 산물

(2) 예술의 기능

  1) 인간의 정서와 감정의 순화

  2) 심리적 안정감과 즐거움 제공

  3) 인간의 사고 확장

  4) 사회 모순 비판

2. 예술과 윤리의 관계

(1) 예술 지상주의

  1) **예술의 목적** : 예술 그 자체 또는 미적 가치를 구현하는 것

  2) **윤리적 규제에 대한 입장** : 예술의 자율성과 독립성을 강조함 → 윤리적 가치를 기준으로 예술을 평가하고 규제해서는 안 됨

  3) **대표적 사상가**

    ① 와일드 : "예술가에게 윤리적 동정심이란 용서할 수 없는 매너리즘이다."

    ② 스핑건 : "시가 도덕적이라든가 혹은 비도덕적이라고 말하는 것은, 정삼각형은 도덕적이고 이등변 삼각형은 비도덕적이라고 말하는 것과 마찬가지로 무의미하다."

  4) **문제점** : 인간의 삶과 무관한 예술이 될 수 있고, 예술의 사회적 영향이나 책임을 간과할 수 있음

(2) 도덕주의

  1) **예술의 목적** : 올바른 품성을 기르고 도덕적 교훈이나 모범을 제공하는 것

  2) **윤리적 규제에 대한 입장** : 예술의 사회성 강조 → 예술에 대한 적절한 규제가 필요함
예술은 사회의 모순을 지적하고 사회의 도덕적 성숙에 기여해야 함

3) **대표적 사상가**

   ① 플라톤 : "예술 작품은 어릴 때부터 곧장 자기도 모르는 사이에 아름다운 말을 닮고 사랑하고 공감하도록 그들을 이끌어 준다."

   ② 톨스토이 : "예술의 진정한 가치는 건강한 개인과 건강한 사회에 이바지하는 도덕적 측면에서 찾을 수 있다."

4) **문제점** : 미적 요소가 경시될 수 있고, 예술의 자율성을 침해할 수 있음

(3) 예술과 윤리의 관계

1) 예술은 미적 가치를 추구하면서 도덕적 가치와 조화로운 관계를 추구함 → 인격 형성에 긍정적인 영향

2) **공자** : "인(仁)에 의지하고, 예(禮)에서 노닐어야 한다." "예(禮)에서 사람이 서고 악(樂)에서 사람의 인격이 완성된다."

3) **칸트** : "미(美)는 도덕성의 상징이다." → 자유로운 미적 체험이나 자유로운 도덕적 행위는 특정 이익을 추구하는 것이 아니라는 점에서 유사함

3. 예술의 상업화

(1) 예술의 대중화

1) **예술의 대중화** : 예술 작품의 복제와 대량 생산, 보급이 가능해지면서 일반 대중 누구나 예술을 즐기는 현상

2) **양상** : 키치와 패러디, 기성품의 등장으로 예술의 경계가 확장됨, 순수 예술과 대중 예술의 경계가 무너짐 → 순수 예술을 그림 치료, 음악 치료, 광고, 영화 등에 폭넓게 활용하고 있음

(2) 예술의 상업화

1) **예술의 상업화** : 상품을 사고파는 행위를 통해 이윤을 얻는 일이 예술 작품에도 적용되는 현상

2) **양상** : 대중매체의 발달로 예술 작품의 대량 생산·대량 소비가 가능해짐

3) **긍정적 측면** : 예술의 대중화에 기여, 예술가에게 경제적 이익을 제공하고 창작 의욕을 북돋음

4) **부정적 측면** : 예술의 본질을 왜곡하고, 예술 작품을 부의 축적 수단으로 바라봄, 예술 작품의 미적 가치와 윤리적 가치를 간과함

> 예술의 상업화에 대한 긍정적 입장 : 앤디 워홀
> 예술의 상업성을 옹호하며, 자신을 '사업 미술가', 작업실을 '공장'으로 표현하였다.
>
> 예술의 상업화에 대한 부정적 입장 : 아도르노
> 아도르노(Adorno, T.W)는 대중화되고 상업화된 예술에 대해 '문화산업'이라고 비판하였는데, 이는 예술을 이윤 추구의 대상으로 삼는 자본주의의 현실을 비판하는 용어라고 할 수 있다.

02 | 대중문화의 윤리적 문제

1. 대중문화의 의미와 특징

(1) 대중문화의 의미 : 대중 사회를 기반으로 형성되어 다수의 사람들이 공통으로 쉽게 접하고 즐기는 문화

(2) 대중문화의 특징

1) 대중 매체에 의해 생산되고 확산되는 경우가 많음
2) 시장을 통해 유통됨 → 이윤을 창출하는 상업적 특징을 지님
3) 대중이 살아가는 시대상을 반영함

2. 대중문화와 관련된 윤리적 문제

(1) 대중문화의 선정성과 폭력성 문제

1) **의미** : 소비자들의 이목을 끌기 위해 과도하게 선정적이고 폭력적인 요소가 포함됨
2) **문제점** : 대중의 정서에 악영향을 주며 모방 범죄로 이어지기도 함

(2) 대중문화의 자본 종속 문제

1) **의미** : 자본의 힘이 대중문화를 지배하는 현상
2) **문제점**
  ① 상업적 이익을 우선하면서 대중문화의 다양성이 위축되고 획일됨
  ② 문화 산업에 종속된 예술은 대중의 취향과 기호만 중시하여 예술의 자율성과 독립성을 제약할 수 있음

3. 대중문화의 윤리적 규제 논쟁

  (1) 규제 찬성 입장

    1) 성의 상품화 예방

    2) 대중의 정서에 미칠 부정적 영향을 방지할 수 있음

  (2) 규제 반대 입장

    1) 자율성 및 표현의 자유를 강조

    2) 대중의 다양한 문화를 누릴 권리 보장의 필요성

02 의식주 윤리와 윤리적 소비

01 | 의복 문화와 윤리적 문제

1. 의복의 윤리적 의미

(1) 의복의 의미

  1) **좁은 의미** : 몸을 감싸거나 가리기 위해 입는 옷

  2) **넓은 의미** : 외모를 꾸미는 데 쓰이는 모든 것(장신구, 신발, 가방, 모자 등)

(2) 의복의 기능 : 신체 보호, 신분이나 지위 표현, 시대상의 반영 등

(3) 의복의 윤리적 의미

  1) **개인적 차원** : 개성을 표현하고, 자아 및 가치관의 형성에 영향을 미침

  2) **사회적 차원** : 때와 장소에 맞는 의복 착용을 통해 예의를 표현함

2. 의복 문화의 윤리적 문제

(1) 유행 추구 현상

  1) **긍정적 관점** : 개성과 가치관의 표현 → 미적 감각과 가치관을 표현하는 수단으로 봄

  2) **부정적 관점**

   ① 몰개성화 : 무분별한 동조 소비와 선택의 자유 상실 초래

   ② 패스트 패션 : 자원 낭비, 환경 문제, 노동 착취 초래

(2) 명품 선호 현상

  1) **긍정적 관점** : 개인의 자유 → 우수한 품질과 희소성은 만족감과 더불어 품위를 높임

  2) **부정적 관점** : 과시적 소비 → 사회적 위화감을 형성하고 사치 풍조를 조장할 수 있음

(3) 생태 · 환경 문제 : 패스트 패션으로 유해 물질이 발생하고, 동물에게 과도한 고통을 유발함

3. 바람직한 의복 문화 확립을 위한 노력

(1) 패스트 패션 기업은 사회적 책임 의식을 지니고 윤리 경영을 실천해야 함

(2) 소비자는 인권과 생태 환경을 고려하는 윤리적 소비를 해야 함

02 | 음식 문화와 윤리적 문제

1. 음식 문화의 윤리적 의미

(1) 생명과 건강을 유지하는 원동력 : 인간은 음식을 섭취하여 생활할 수 있는 에너지를 얻고, 건강을 유지할 수 있음

(2) 사회의 도덕성 및 건강한 생태계 유지에 영향 : 정직한 식재료를 생산 및 유통해야 하며 올바른 방법으로 가공 및 유통해야 함

2. 음식 문화의 윤리적 문제

(1) 식품 안전성 문제

1) 인체에 해로운 음식 섭취는 생명권을 위협함

2) 화학 첨가제가 들어간 식품, 유전자 변형 식품(GMO), 패스트 푸드와 정크 푸드 등

유전자 변형 식품(GMO) : 식품 생산성과 질을 높이기 위해서 본래의 유전자를 새롭게 조작하고 변형해 만든 식품

유전자 변형 식품(GMO) 관련 쟁점

찬성 입장
- 과일과 채소의 숙성을 늦추어 신선도를 유지할 수 있다.
- 식품이 지닌 영양소를 인위적으로 높일 수 있다.
- 병충해와 환경에 강한 유전자로 변형하여 대량 생산이 가능하다.

반대 입장
- 새로운 물질이 알레르기나 독성을 일으켜 인체에 해를 줄 수 있다.
- 해충에 강한 유전자 변형 식물에 내성을 가진 해충이 생기는 등 생태계에 교란을 일으킬 수 있다.

---

(2) 환경 문제

1) 식품의 생산 · 유통 · 소비 과정에서 환경오염 문제 발생함

2) 화학 비료로 토양 · 수질 오염, 음식물 쓰레기 증가, 식품 운송에 따른 탄소 배출량 증가 등

(3) 동물 복지 문제

1) 동물에 대한 비윤리적 처우 문제가 발생함

2) 육류 소비 증가, 대규모 공장식 사육 등

(4) 음식 불평등 문제
1) 식량 수급의 불평등과 음식 불평등 문제가 발생함
2) 제 3세계 인구 증가, 국가 간 빈부 격차 심화 등

3. 바람직한 음식 문화 확립을 위한 노력
(1) 개인적 노력 : 타인과 생태계를 고려하는 음식 문화를 형성함 → 로컬 푸드 · 슬로 푸드 운동 참여, 육류 소비 절제

(2) 사회적 노력 : 바람직한 음식 문화 확립을 위한 제도적 기반을 마련함 → 안전한 먹거리 인증과 성분 표시 의무화, 동물의 고통을 최소화하는 제도 마련

> **로컬 푸드(local food) 운동**
> 장거리 운송을 거치지 않은 안전하고 건강한 지역 농산물을 구매하려는 운동
>
> **슬로 푸드(slow food) 운동**
> 비만 등을 유발하는 패스트 푸드 문제를 해결하고자 가공하지 않고 사람의 손맛이 들어간 음식, 자연적인 숙성이나 발효를 거친 음식 등 전통적인 방식으로 만든 음식을 섭취하자는 운동

03 | 주거 문화와 윤리적 문제

1. 주거의 윤리적 의미
(1) 주거의 윤리적 의미
1) **개인적 차원** : 신체를 보호하고 심리적 안정을 도모하며, 행복한 삶을 위한 기본 터전임
2) **공동체적 차원** : 가족 · 이웃과 함께 생활하는 과정에서 공동체의 유대감과 소속감을 형성함

(2) 주거의 본질
1) **볼노브** : "인간은 어떤 특정한 자리에 정착하여 거주할 공간인 집을 필요로 한다."
2) **하이데거** : "인간은 집에서 비로소 평화를 누리게 된다."

2. 주거 문화의 윤리적 문제

    (1) 집의 경제적 가치만 강조 : 주거권의 위기 초래함

    (2) 공동 주택의 폐쇄적 형태 : 이웃 간의 소통 · 협력의 부재, 주차, 소음 문제 등의 문제가 발생함

    (3) 주거 문화가 도시 중심으로 변하면서 삶의 질 하락 : 환경, 교통 문제 발생 등을 초래함

3. 바람직한 주거 문화 확립을 위한 노력

    (1) 주거의 본질적 가치를 회복해야 함

    (2) 공동체를 고려하는 주거 문화를 형성해야 함 : 셰어 하우스, 코하우징 등 새로운 주거 형태가 등장함

    (3) 지역 간 격차 해소 : 주거 환경의 균형적 발전과 주거 정의를 추구해야 함

셰어 하우스(share house)
다수가 한 집에 모여 살면서 개인적 공간인 침실만 각자 사용하고, 거실, 화장실, 욕실 등은 공유하는 주거 방식

코하우징
'같이 또 따로' 정신을 주거에 구현한 것으로 저밀도의 개별 주택과 더불어 공동생활 시설, 공유 옥외 공간 등을 갖춘 집

---

04 | 윤리적 소비 문화

1. 현대 사회의 소비 문화의 특징

    (1) 대량 소비와 과소비가 나타나면서 경제 규모가 확대됨

    (2) 사회적 욕구나 자아실현의 욕구를 충족하려는 소비가 확대됨

    (3) 물질주의 추구 소비, 과시적 소비, 동조 소비 등이 나타남

    (4) 문제점 : 자원 고갈, 생태계 파괴 등

2. 합리적 소비

    (1) 합리적 소비의 의미 : 자신의 경제력 내에서 가장 큰 만족을 추구하는 소비

    (2) **합리적 소비의 특징** : 경제적 합리성이 상품 선택의 기준이 되며, 소비자 개인의 경제적 이익이나 만족감을 중시

    (3) **문제점** : 소비자가 합리적 소비만을 중시한다면 생산자가 원가 절감을 위해 다양한 방법을 사용함으로써 여러 가지 문제를 일으킬 수 있음 → 부적절한 원료를 이용한 상품 생산, 환경 오염에 관한 대책 외면, 열악한 노동 환경 제공, 저임금 강요 등

3. 윤리적 소비

    (1) **윤리적 소비의 의미** : 윤리적 가치 판단에 따라 상품이나 서비스를 구매하고 사용하는 것을 중시하는 소비

    (2) **윤리적 소비의 특징**
        1) **인권과 정의 고려** : 노동자의 인권과 복지를 생각하는 기업의 상품이나 공정 무역 상품을 구매하는 것
        2) **공동체적 가치 추구** : 지역에서 생산된 농산물을 지역에서 소비하는 로컬 푸드 운동
        3) **동물 복지 고려** : 동물의 생명을 존중하고, 동물의 고통을 최소화하는 방식으로 생산된 상품을 소비하는 것
        4) **환경 보전 추구** : 생태계의 보존과 지속 가능한 소비가 가능하도록 하는 친환경적 소비

    (3) **윤리적 소비의 실천 방안**
        1) **개인적 차원** : 불매운동, 윤리적 등급에 따른 상품의 비교 구매, 공정 무역 제품이나 친환경 농산물 등 바람직한 윤리적 상품 구매, 재사용과 재활용 등
        2) **사회적 차원** : 친환경 제품 인증과 환경 마크, 기업의 윤리 경영을 촉진하기 위한 제도 마련, 사회적 기업의 활동을 지원하는 법률 제정 등

    (4) **사회적 기업**
        1) **사회적 기업** : 사회적 가치를 우위에 두고 재화와 서비스를 생산하고 판매하는 활동을 수행하는 기업
        2) 공공성을 기반으로 사회적 목적을 우선적으로 추구함
        3) 자립적 운영을 위해 이익을 추구하지만 발생한 이익을 공익을 위한 일이나 지역 사회에 재투자함

03 다문화 사회의 윤리

01 | 문화의 다양성과 존중

1. 다문화 사회의 특징

(1) 다문화 사회의 의미 : 한 국가 안에 다양한 인종과 문화적 배경을 지닌 사람들이 공존하는 사회

(2) 다문화 사회의 특징

1) **긍정적인 측면** : 사회 구성원의 문화 선택의 폭이 넓어지고 문화가 발전할 수 있는 기회가 확대되며, 다양성과 다원성, 차이를 강조함
2) **부정적인 측면** : 다양한 문화적 요소의 충돌로 갈등이 발생함

2. 다문화 존중과 관용의 중요성

(1) 다양한 문화를 바라보는 태도

1) **자문화 중심주의** : 자국의 문화를 기준으로 다른 문화를 무조건 낮게 평가하는 태도
   → 다른 나라의 고유한 문화를 부정하고 문화적 지배와 종속을 강요하는 문화 제국주의로 발전하기도 함
2) **문화 사대주의** : 자국의 문화를 열등하게 여겨 다른 문화를 숭배하고 추종하는 태도
3) **문화 상대주의** : 각 문화가 지닌 고유성과 상대적 가치를 이해하고 존중하는 태도
   → 다양한 문화의 평화로운 공존을 모색할 수 있다는 점에서 다문화 사회에 필요함

문화 상대주의와 절대주의

- 문화 상대주의 : 문화의 다양성을 인정하고 각 사회의 맥락에서 문화를 이해하고 존중하는 태도
- 문화 절대주의 : 어느 한 문화의 입장에서 다른 문화를 보려는 태도 → 자문화 중심주의, 문화 사대주의

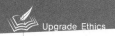

(2) 관용의 의미와 한계

1) 관용의 의미

① 소극적 의미 : 다른 문화를 접할 때 반대나 간섭, 배타적인 태도를 보이지 않는 것

② 적극적 의미 : 받아들일 수 없는 상대방의 주장이나 가치관을 이해하려고 노력하는 것

2) 관용의 한계

① 관용의 역설 : 다른 문화에 대한 무조건적인 관용은 인간의 존엄성과 인권을 침해하고 사회 질서가 무너지는 결과를 초래할 수 있음

② 관용의 한계 범위 : 타인의 인권과 자유를 침해하지 않는 범위, 사회 질서를 훼손하지 않는 범위 내에서 관용을 실천해야 함

> **볼테르의 톨레랑스(tolerance)**
>
> 톨레랑스는 "당신의 사상에 반대하지만 그 사상 때문에 당신이 탄압을 받는다면 나는 당신의 편에서 싸울 것이다."라는 볼테르의 말에서 유래하여, 자신의 독단이나 보편타당함을 일방적으로 내세우지 않고 진리에 다가설 수 있도록 다름과 차이를 인정해야 한다는 뜻을 담고 있다.

02 | 다문화 사회의 정책과 바람직한 시민의식

1. 다문화 정책

(1) 차별적 배제 모형 : 이주민을 특정 목적으로만 받아들이고, 내국인과 동등한 권리를 인정하지 않는 관점

(2) 동화주의

1) 이주민의 문화와 같은 소수 문화를 주류 문화에 적응시키고 통합시키려는 관점

2) **용광로 모형** : 다양한 문화를 섞어서 하나의 새로운 문화로 만듦

(3) 다문화주의

1) 이주민의 고유한 문화와 자율성을 존중하여 문화 다양성을 실현하려는 관점

2) **샐러드 볼 모형과 모자이크 모형**

① 샐러드 볼 모형 : 각 재료의 특성이 살아 있는 샐러드처럼 여러 민족의 문화가 조화롭게 공존한다는 입장

② 모자이크 모형 : 다양한 조각들의 모여 하나의 모자이크가 되듯이, 여러 이주민의 문화가 모여 하나의 문화를 이룬다는 입장

(4) 문화 다원주의

1) 문화의 다양성을 인정하면서 주류 문화의 역할을 강조하는 입장

2) **국수 대접 모형** : 주류 문화가 국수와 국물처럼 중심 역할을 하고, 이주민의 문화는 고명이 되어 자신의 문화적 정체성을 유지하면서 조화롭게 공존할 수 있다는 입장

2. 다문화 사회의 시민 의식

(1) 문화적 편견 극복 : 문화 상대주의적 태도를 함양함

(2) 윤리적 상대주의 지양 : 보편 윤리를 기반으로 문화에 대한 비판적 성찰이 필요함

(3) 바람직한 문화 정체성 : 자신의 주관이나 문화적 정체성을 유지하면서 조화를 이룸

(4) 관용 : 자신과 다른 문화적 배경을 가진 사람의 가치관이나 생각 등을 존중하고 받아들이되 관용의 역설을 경계해야 함

03 | 종교와 윤리의 관계

1. 종교의 의미

(1) 종교의 의미 : 신앙 행위와 종교의 가르침, 성스러움과 관련된 심리 상태 등 다양한 현상을 아우르는 말 → 인간은 종교적 존재로 규정할 수 있음

(2) 종교의 발생 : 인간의 유한성과 불완전성, 한계 상황에서 인간은 종교를 통해 삶과 죽음의 의미와 같은 궁극적 물음에 대한 대답을 얻고자 함

(3) 종교의 역할

1) 개인의 불안감을 극복하고 마음의 안정을 얻게 함

2) 삶의 바람직한 방향을 모색할 수 있게 함

3) 인류의 보편적 가치를 추구하는 등 사회 통합을 이루는 계기가 되기도 함

(4) 종교의 구성 요소

1) **내용적 측면** : 성스럽고 거룩한 것에 관한 체험과 믿음 등

2) **형식적 측면** : 경전과 교리, 의례와 형식, 교단 등

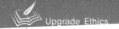

2. 종교와 윤리의 관계

(1) 종교와 윤리의 공통점과 차이점

	종교	윤리
공통점	도덕성을 중시함 → 인간의 존엄성을 실현하는 윤리적 계율을 강조함	
차이점	초월적인 세계나 궁극적 존재를 상정하고, 종교적 신념 및 교리에 따른 규범을 제시함	종교적으로 중립적인 태도를 지니고 인간의 이성, 상식, 양심이나 감정에 근거한 현실 세계의 규범을 제시함

(2) 종교와 윤리의 바람직한 관계 : 종교는 윤리적 삶을 고양하는 데 도움을 줄 수 있고, 윤리는 종교가 올바른 방향으로 나아가는 데 도움을 줄 수 있음

04 | 종교 간 갈등 원인과 극복 방안

1. 종교 갈등의 원인과 양상

(1) 종교 갈등의 원인

1) **타 종교에 대한 배타적인 태도** : 가치관 차이, 교리 차이를 부정함

2) **타 종교에 대한 무지와 편견** : 타 종교에 관한 지식 부족에 기인함

(2) 종교 갈등의 양상

1) 다른 종교를 믿는 사람들 사이의 갈등이 테러, 폭력 등으로 이어짐

2) 종교 갈등에 계급, 인종, 민족, 자원 등 다른 요소가 연관되어 심화됨

2. 종교 갈등의 극복 방안

(1) **종교적 관용 필요** : 종교의 자유를 인정하고 타 종교에 대한 관용의 태도가 필요함

(2) **종교 간 대화와 협력** : 큉 – "종교 간의 대화 없이 종교 간의 평화 없고, 종교 간 평화 없이는 세계 평화도 없다."

01   아름다움을 표현하고 창조하는 인간의 모든 활동과 그 산물을 (　　　　)(이)라 한다.

02   (　　　　　　)은/는 예술은 인간에게 도덕적인 교훈과 본보기를 제공하는 것을 목적으로 삼아야 한다고 주장한다.

03   (　　　　　　　)은/는 예술은 '예술을 위한 예술'일 뿐이므로 미적 가치 추구만이 목적이라고 보아야 한다고 주장한다.

04   (　　　　　)은/는 문화 생산물이나 서비스가 상업적, 경제적 전략 하에서 하나의 상품으로 생산, 판매되는 현대 산업의 형태를 의미한다.

05   상품을 사고파는 행위를 통해 이윤을 얻는 일이 예술 작품에도 적용되는 현상을 예술의 (　　　　)(이)라고 한다.

06   (　　　) 문화는 대중 사회를 기반으로 형성되어 다수의 사람들이 공통으로 쉽게 접하고 즐기는 문화이다.

07   최신 유행을 반영하는 (　　　　) 패션은 자원 낭비, 환경 문제, 노동 착취 등을 초래한다.

08   (　　　　　　) 현상은 과소비와 사치 풍조를 조장하여 사회적 위화감을 조성한다.

09   장거리 운송을 거치지 않은 안전하고 건강한 지역 농산물을 구매하려는 운동을 (　　　　　　) 운동이라고 한다.

10   (　　　　　　　) 운동은 '좋고 깨끗하고 공정한' 먹거리의 제공을 추구하며, 천천히 조리되며 건강에 도움이 되는 것을 추구한다.

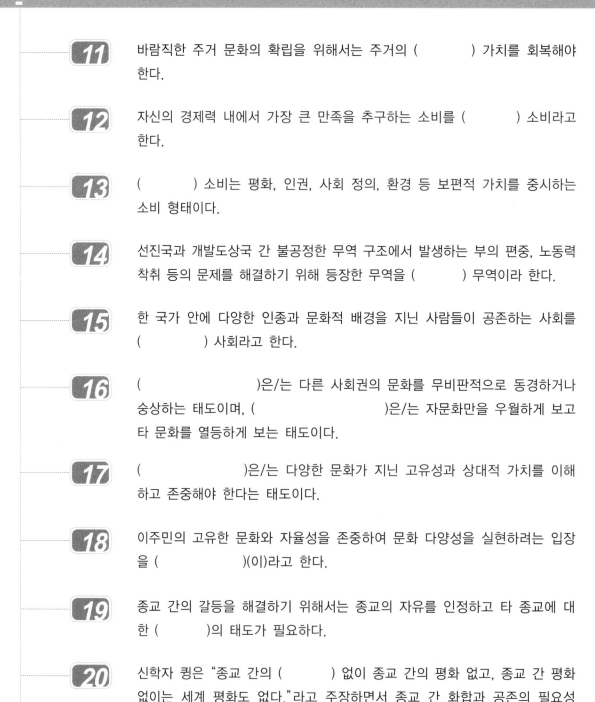

11 바람직한 주거 문화의 확립을 위해서는 주거의 (   ) 가치를 회복해야 한다.

12 자신의 경제력 내에서 가장 큰 만족을 추구하는 소비를 (   ) 소비라고 한다.

13 (   ) 소비는 평화, 인권, 사회 정의, 환경 등 보편적 가치를 중시하는 소비 형태이다.

14 선진국과 개발도상국 간 불공정한 무역 구조에서 발생하는 부의 편중, 노동력 착취 등의 문제를 해결하기 위해 등장한 무역을 (   ) 무역이라 한다.

15 한 국가 안에 다양한 인종과 문화적 배경을 지닌 사람들이 공존하는 사회를 (   ) 사회라고 한다.

16 (   )은/는 다른 사회권의 문화를 무비판적으로 동경하거나 숭상하는 태도이며, (   )은/는 자문화만을 우월하게 보고 타 문화를 열등하게 보는 태도이다.

17 (   )은/는 다양한 문화가 지닌 고유성과 상대적 가치를 이해하고 존중해야 한다는 태도이다.

18 이주민의 고유한 문화와 자율성을 존중하여 문화 다양성을 실현하려는 입장을 (   )(이)라고 한다.

19 종교 간의 갈등을 해결하기 위해서는 종교의 자유를 인정하고 타 종교에 대한 (   )의 태도가 필요하다.

20 신학자 큉은 "종교 간의 (   ) 없이 종교 간의 평화 없고, 종교 간 평화 없이는 세계 평화도 없다."라고 주장하면서 종교 간 화합과 공존의 필요성을 강조하였다.

정답 1. 예술 2. 도덕주의 3. 예술 지상주의 4. 문화산업 5. 상업화 6. 대중 7. 패스트 8. 명품 선호
9. 로컬 푸드 10. 슬로 푸드 11. 본질적 12. 합리적 13. 윤리적 14. 공정 15. 다문화
16. 문화 사대주의, 자문화 중심주의 17. 문화 상대주의 18. 다문화주의 19. 관용 20. 대화

VI

·

평화와 공존의 윤리

01 갈등 해결과 소통 윤리

01 | 사회 갈등과 사회 통합

1. 갈등의 의미와 기능

(1) 갈등 : 개인이나 집단 사이에 목표나 이해관계가 달라 충돌하는 상황

(2) 현대 사회의 갈등 : 사회가 복잡하고 다원화됨으로써 개인 간, 집단 간 갈등 양상이 다양해짐

(3) 사회 갈등의 원인

1) **생각이나 가치관의 차이** : 자신의 생각과 가치관을 절대시하고 다른 사람의 생각이나 가치관을 무시하는 태도

2) **이해관계의 대립** : 한정된 자원의 불공정한 분배 또는 분배 과정에서의 소외

3) **원활한 소통의 부재** : 사회적 쟁점에 대한 소통 부족 또는 한쪽에만 유리한 결론 도출

2. 사회 갈등의 유형

(1) 세대 갈등

1) 연령별, 시대별 경험 차이로 인해 나타나는 보편적 현상 → 각 세대가 서로의 차이를 이해하지 못해서 발생함

2) 우리나라는 단기간 빠른 경제성장과 변화로 더욱 심각함

(2) 이념 갈등

1) 이상적인 것으로 여기는 생각이나 견해의 차이에 따른 갈등 → 진보와 보수의 갈등

2) 이념의 차이를 흑백 논리의 이분법적 사고로 구분할 경우 갈등이 더욱 심화됨

(3) 지역 갈등

1) 지역 발전을 위한 시설이나 투자를 자신의 지역에 유치하려는 과정, 혹은 타 지역에 대한 편견에서 비롯됨

2) 지역의 역사적 · 지리적 상황과 결부하여 지역감정으로 드러나기도 함

3. 사회 통합을 위한 노력

  (1) **사회 통합의 의미** : 사회 내 개인이나 집단의 상호 작용을 통해 하나로 통합되는 과정

  (2) **사회 통합의 필요성** : 개인의 행복한 삶과 사회 발전과 국가 경쟁력의 강화를 위해 필요함

  (3) **사회 통합의 실천 방안**

    1) **의식적 차원** : 다양성을 인정하면서 대화와 토론으로 의사 결정을 하는 성숙한 민주 시민의 자세가 필요함

    2) **제도적 차원** : 공청회, 설명회 등을 법제화하고, 지방 분권, 지역 균형 발전, 복지 정책 등을 확대하여 불평등이나 격차의 완화를 추구함

02 | 소통과 담론의 윤리

1. 소통과 담론의 의미와 필요성

  (1) **소통**

    1) 막히지 않고 잘 통함 → 나와 상대방이 서로 의견을 주고받는 공유의 과정

    2) 원활한 의사소통은 갈등을 예방하고 서로 협력하며 좋은 관계를 유지할 수 있음

    3) 의사소통은 상대방을 존중하는 바탕에서 열려 있는 대화를 통해 이루어져야 함

  (2) **담론**

    1) 언어로 표현되는 인간의 모든 관계를 분석하는 도구

    2) 현실에서 전개되는 각종 사건과 행위를 해석하고 인식하는 틀을 제공함

    3) 사회 구성원에게 특정한 인식과 가치관으로 현실을 바라보게 하고, 현실을 재구성하게 하는 효과를 지님

2. 동서양의 소통과 담론 윤리

  (1) **공자의 화이부동(和而不同)**

    1) 군자는 자신의 도덕 원칙을 지키면서 주변과 조화를 추구함

    2) 자신의 원칙을 버리고 남과 같아지는 것을 경계함

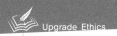

(2) 장자의 도(道)

1) "사물에는 저것이 아닌 것이 없고, 동시에 이것이 아닌 것이 없다. 저것은 이것 때문에 생겨나고 이것은 저것 때문에 생겨난다."

2) "삶이 있기에 죽음이 있으며 옳음이 있기에 그름이 있다. 옳고 그름을 도(道)의 입장에서 바라본다면 서로 다른 것이 아니라 똑같은 것이다."

3) 서로 다른 것을 그 자체로 인정하고 상호 의존 관계를 이해해야 함

(3) 원효의 화쟁(和諍) 사상

1) 불교의 여러 교설 간의 대립을 해소하기 위해 화쟁을 제시함 → 종파 간의 논쟁을 '갈대 구멍으로 하늘을 본다.'라고 비유함

2) 여러 교설은 모두 부처의 가르침에서 비롯된 것이며, 그것은 모두 깨달음을 지향하므로 한마음(一心)임 → 집착과 편견을 버려야 화해와 포용이 가능함

(4) 하버마스의 담론 윤리

1) 합리적인 대화가 이루어지는 과정을 중시함

2) **이상적인 담화의 조건** : 이해 가능성, 진리성, 정당성, 진실성

3) 사회를 통합할 수 있는 가능성을 의사소통의 영역인 공론장에서 찾음

> **하버마스의 이상적 담화 조건**
> - 이해 가능성 : 대화 당사자들이 서로의 표현을 제대로 이해할 수 있어야 한다.
> - 진리성 : 대화 당사자들의 말하는 내용이 참이어야 한다.
> - 정당성 : 대화 당사자들은 논쟁 절차를 준수해야 한다.
> - 진실성 : 대화 당사자들은 기만하거나 속이려는 의도 없이 말하는 바를 진실하게 표현해야 한다.

3. 바람직한 의사소통의 자세

(1) 편견과 독선의 탈피 : 자기 생각만이 옳다는 독선주의를 경계하고, 관용의 태도를 지녀야 함

(2) 이상적 대화와 합의 : 다수결의 한계를 보완하기 위해 사회 구성원 간의 심의와 합의가 필요하고, 서로 이해 가능한 언어를 통해 자유롭고 평등하게 발언할 기회를 보장해야 함

02 민족 통합의 윤리

01 | 통일 문제를 둘러싼 쟁점

1. 통일에 대한 입장

(1) 통일 찬성 입장

1) 이산가족의 고통을 해소함

2) 전쟁에 대한 공포 해소와 평화를 실현함

3) 민족의 동질성 회복과 민족 공동체를 실현함

4) 민족의 경제적 번영과 국제적 위상을 향상시킴

5) 동북아시아의 긴장을 완화하고 세계 평화에 기여함

(2) 통일 반대 논거

1) 오랜 분단으로 인한 사회 · 문화적 이질감과 불신감이 큼

2) 군사 도발로 북한에 대한 부정적 인식이 강함

3) 통일 비용 때문에 조세 부담이 늘고 경제적 위기에 처할 수 있음

4) 북한 주민의 이주로 인한 실업과 범죄 증가가 우려됨

5) 정치 · 군사적 혼란이 발생함

2. 통일 비용과 분단 비용의 문제

(1) 분단 비용

1) **의미** : 분단으로 인해 남북한이 부담하는 유 · 무형의 지출 비용

2) **종류** : 경제적 비용(군사비, 외교적 경쟁 비용 등), 경제 외적인 비용(전쟁에 따른 불안, 이산가족의 아픔, 이념적 갈등과 대립 등)

3) **특징** : 분단이 지속되는 한 지출해야 하는 소모적 비용

(2) 통일 비용

1) **의미** : 통일 과정에서 소요되는 경제적 · 경제 외적 비용

2) **종류** : 제도 통합 비용(정치, 행정, 화폐 통합 비용 등), 위기관리 비용(치안, 긴급 구호, 실업 문제 처리 비용, 사회 갈등 해결 비용 등), 경제적 투자비용(생산 · 생활 기반 구축 비용 등)

3) **특징** : 통일 한국을 건설하기 위한 생산적 투자 비용

(3) 통일 편익

1) **의미** : 통일로 얻을 수 있는 편리함과 이익
2) **종류** : 경제적 편익(국토의 효율적 이용, 분단 비용 감소, 국가 신용도 상승 등), 경제 외적 편익(이산가족의 고통 해소, 남북한 주민의 인권 신장, 전쟁 위협 감소와 평화 실현 등)

3. 북한 인권 문제

(1) 북한의 인권 실태

1) 주민의 정치 참여와 개인의 자율성, 선택권을 제한함
2) 출신 성분에 따라 계층을 분류하고 교육 기회, 법적 처벌 등을 달리함

(2) 북한 인권과 관련된 쟁점

1) **북한 인권 문제 개입 찬성 입장** : 인도적 차원에서 인권의 보편적 원칙에 따라 국제 사회의 개입이 필요함
2) **북한 인권 문제 개입 반대 입장** : 북한에 대한 내정 간섭이기 때문에 북한 스스로 해결해야 함

4. 대북 지원 문제

(1) 대북 지원의 성격

1) **인도주의적 측면** : 북한 주민의 생존권 보장
2) **민족 당위적 측면** : 민족 공동체 회복
3) **실용주의 측면** : 분단 상태를 평화적으로 유지하면서 남북 관계 개선

(2) 대북 지원과 관련된 쟁점

1) **인도주의적 입장** : 남북의 정치·군사적 상황과 무관하게 지원해야 함
2) **상호주의적 입장** : 북한에 일정한 변화를 요구하면서 대북 지원을 해야 함

1. 독일 통일의 교훈

(1) 독일의 통일 준비 과정 : 분단 상황에서 동독과 서독이 다양한 문화 교류와 협력을 활발하게 이루어 나감

(2) 독일 통일의 후유증 : 동독과 서독 주민 간의 사회적 갈등 발생 → 내면적·정신적 통합의 어려움

(3) 독일 통일의 교훈

1) 분단 상태에서도 다양한 분야의 점진적이고 활발한 교류를 추진함 → 독일 통일의 기초가 됨
2) 서독이 상대적으로 뒤떨어진 동독을 지원함으로써 관계를 개선함

통일의 과정

- 1949년 : 분단의 공식화, 제 2차 세계 대전 패배 후 동독과 서독으로 나뉨
- 1949~1960년대 후반 : 냉전 체제, 서독은 할슈타인 원칙에 따라 동독과 대결 국면을 조성하고, 동독은 동서 베를린을 차단하는 장벽을 쌓음
- 1960년대 후반 : 냉전 질서 완화, 서독은 동방 정책을 통해 동독과 교류·협력하며 정기적 통일 정책을 시작함
- 1989년 : 베를린 장벽이 무너짐, 독일 통일(1990)

---

2. 남북 화해와 통일을 위한 노력

(1) 개인적 차원

1) 열린 마음으로 소통하고 배려를 실천해야 함
2) 북한에 대한 올바르고 균형 있는 인식을 해야하며 통일에 대한 관심을 가져야 함

(2) 사회·문화적 차원

1) 점진적인 사회 통합의 노력 → 남북한의 긴장 관계 해소
2) 문화·예술·스포츠 교류, 이산가족 상봉, 대북 지원과 구호 등 인도적 교류의 장을 확대함

(3) 국제적 차원

1) **내부적 통일 기반 조성** : 안보 기반의 구축과 신뢰 형성을 위한 노력, 평화적 통일을 위한 체계적인 준비, 남남 갈등 해결

2) **국제적 통일 기반 구축** : 국제 사회와 협력을 강화하여 주변 국가의 이익과 세계 평화에 이바지함

3. 통일 한국의 미래 모습

(1) 통일 한국이 지향해야 할 가치 : 평화, 자유, 인권, 정의

(2) 통일 한국의 미래상

1) **수준 높은 문화 국가** : 열린 민족주의에 바탕을 두며 우수한 전통 문화를 바탕으로 창조적으로 문화를 발전시켜 세계적인 문화 국가를 추구함

2) **자주적인 민족 국가**
- 외세 의존적이 아니라 우리의 힘으로 통일 국가를 이룩함
- 정치·군사·경제·문화적 측면에서 자주성을 실현함

3) **정의로운 복지 국가** : 사회 구성원들의 삶의 질을 향상시킴 → 불공정한 부의 분배, 집단·계층 간의 사회적 갈등을 해소함

4) **자유로운 민주 국가** : 인간의 존엄성을 최고로 여기며, 자유와 평등, 인권 등의 기본적인 권리를 보장함

지구촌의 평화와 윤리

01 | 국제 분쟁의 해결과 평화

1. 지구촌 시대의 국제 분쟁

   (1) 국제 분쟁의 원인 : 문화와 종교의 차이로 생기는 갈등, 영역·자원을 둘러싼 갈등, 인종·민족 간의 갈등

   (2) 국제 분쟁의 윤리적 문제 : 지구촌의 평화를 위협하고, 인간의 존엄성과 정의를 훼손함

> 국제 분쟁에 대한 견해
>
> - 헌팅턴의 문명의 충돌
>   문명 간의 차이에 의한 충돌이 국제 분쟁의 주된 원인이기 때문에 문명의 조화에 근거한 국제 질서를 구축하여 갈등을 극복할 수 있다고 봄
> - 뮐러의 문명의 공존
>   문명의 차이는 부차적인 것이며 인간의 이성적인 화합 의지, 합리성, 관용으로 문명 간의 갈등을 해결할 수 있다고 봄

2. 국제 관계를 바라보는 관점

   (1) 현실주의

     1) 인간의 본성은 이기적이며 국가 역시 본질적으로 이기적임

     2) **분쟁의 원인** : 국가의 이익이 도덕성과 충돌할 때 도덕성보다 국가의 이익을 우선함

     3) **분쟁의 해결 방안** : 국가 간의 갈등 해결은 세력 균형을 통해 가능하다고 봄

     4) **대표적 사상가** : 모겐소 – "국제 정치는 국가 이익의 관점에서 정의된 권력을 위한 투쟁이다."

   (2) 이상주의

     1) 인간은 이성적인 존재이고 국가 역시 이성적이고 합리적임

     2) **분쟁의 원인** : 국가들 간의 오해와 잘못된 제도 때문에 발생함

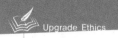
3) **분쟁의 해결 방안** : 국제기구, 국제법, 국제 규범 등의 제도적 개선을 통해서 해결함

4) **대표적 사상가** : 칸트 – "국제 분쟁은 국가 간의 도덕성을 확보해야 해결된다."

3. 국제 평화의 중요성

(1) 칸트의 영구 평화론

1) 평화에 이르기 위해서는 전쟁을 없애야 함

2) 직접적인 폭력과 전쟁에서 벗어날 수 있도록 각국이 국제법의 적용을 받는 평화 연맹을 구성할 것을 요구함

3) 국제 평화 유지를 목적으로 하는 국제기구들이 창설되는 데 큰 영향을 줌

영구 평화론의 예비 조항

1. 장래의 전쟁에 대비하여 물자를 비밀리에 간직해 두고 맺어진 평화 조약은 이를 평화 조약으로 인정해서는 안 된다.
2. 어떠한 독립된 국가도 상속, 교환, 매수, 증여로써 다른 국가의 소유가 될 수 없다.
3. 상비군은 점차 폐지되어야 할 것이다.
4. 국가는 대외적인 분쟁과 관련하여 어떠한 국채도 발행해서는 안 된다.
5. 어떠한 국가도 다른 국가의 제도와 통치에 대해 폭력으로써 개입해서는 안 된다.
6. 어느 국가도 다른 국가와의 전쟁에서 장래의 평화에 대한 상호 간의 신뢰를 불가능하게 하는 어떠한 적대 행위도 해서는 안 된다.

---

(2) 갈퉁의 적극적 평화론

1) **소극적 평화** : 직접적 폭력과 전쟁, 테러, 범죄 등으로부터 해방된 상태

2) **적극적 평화** : 직접적 폭력뿐만 아니라 사회의 구조적·문화적 폭력까지 제거되어 인간답게 살아갈 수 있는 삶의 조건이 갖추어진 상태

(3) 국제 분쟁을 해결하기 위한 노력

1) **개인적 차원** : 상호 존중과 관용의 자세를 지녀야 함

2) **사회적 차원** : 대화와 타협 등 평화적 수단을 활용하려는 자세를 함양함

1. 세계화를 둘러싼 윤리적 쟁점
  (1) 세계화
    1) 세계화의 의미 : 국제 사회에서 상호 의존성이 증가하면서 세계가 단일한 사회로 통합되는 현상
    2) 세계화의 영향
      ① 긍정적 영향
        – 상호 의존성이 증가되면서 창의성과 효율성 확대를 통해 공동의 번영을 이룰 수 있음
        – 다양한 문화 교류를 통해 전 지구적 차원에서 문화 간의 공존을 기대할 수 있음
      ② 부정적 영향
        – 문화의 획일화가 진행될 수 있음
        – 강대국이 시장, 자본을 독점하여 국가 간 빈부 격차가 발생함

  (2) 지역화
    1) 지역화의 의미 : 지역의 전통이나 특성을 살려 다른 지역과 차별화된 경쟁력을 갖추려는 현상
    2) 지역화의 영향
      ① 긍정적 영향 : 지역의 이익과 발전을 추구할 수 있음
      ② 부정적 영향
        – 배타성과 폐쇄성으로 인한 갈등 발생
        – 인류 전체의 협력과 공동 번영에 걸림돌
        – 지구촌 실현이라는 시대정신을 거스르게 됨

  (3) 글로컬리즘(Glocalism) : 지역의 고유한 문화와 전통을 소중히 여기면서도 세계 시민 의식을 바탕으로 인류의 공존과 화합을 동시에 도모하는 것

2. 국제 정의
  (1) 형사적 정의
    1) 형사적 정의의 의미 : 범죄에 대한 정당한 처벌을 통해 실현되는 정의
    2) 국제 정의를 해치는 문제 : 전쟁, 테러, 학살, 납치 등 반인도주의적 범죄 발생
    3) 해결 노력 : 국제 형사 재판소, 국제 사법 재판소 등을 두어 반인도주의적 범죄 행위에 대해 처벌함

(2) 분배적 정의

    1) 분배적 정의의 의미 : 가치나 재화가 공정한 분배를 통해 실현되는 정의

    2) 국제 정의를 해치는 문제 : 국가 간의 빈부 격차, 절대 빈곤 문제 등

    3) 해결 노력 : 공적 개발 원조 등을 통해 절대 빈곤국이나 국제기관을 도움으로써 해결함

3. 해외 원조의 윤리적 근거

(1) 의무적 관점

싱어	・원조의 목적 : 공리주의적 관점에서 인류 전체의 고통을 감소시키고 쾌락을 증진시키는 것 ・원조의 대상은 지구촌 전체로 확대해야 함(세계 시민주의적 관점)
롤스	・원조의 목적 : 고통 받는 사회를 '질서 정연한 사회'가 되도록 돕는 것 → 빈곤국의 자생력을 키우는 것이 원조의 주된 목적 ・가난한 나라일지라도 질서정연하다면 원조는 필요 없음

(2) 자선적 관점 : 노직

    1) 해외 원조를 선의를 베푸는 자선으로 봄

    2) 해외 원조는 자유로운 선택이기 때문에 약소국에 원조를 안한다고 해서 비난할 수 없음

4. 평화로운 지구촌 실현을 위한 방안

(1) 개인적 측면 : 후원과 기부에 관심을 갖고 적극적 나눔을 실천함, 원조를 받는 나라들의 자존감과 존엄성을 배려하는 태도를 갖춤

(2) 국가적·국제적 측면 : 공적 개발 원조(ODA) 등과 같은 제도를 더욱 확충함, 각 국가는 자신의 경제적 수준에 부합하는 해외 원조를 윤리적 차원에서 자발적으로 실천함

Exercises

01 (   )은/는 개인이나 집단 사이에 목표나 이해관계가 충돌하는 상황을 말한다.

02 (   )은/는 연령별, 시대별 경험 차이로 나타나는 갈등이다.

03 지역 갈등을 이용하려는 왜곡된 정치 구조는 갈등을 더욱 부각시키는데, 특히 (   )에 기반을 둔 지역 갈등은 혈연, 지연, 학연으로 파벌주의를 조장한다.

04 (   )은/는 남과 사이좋게 지내지만 자기의 중심과 원칙을 잃지 않는다는 것으로 다양성을 존중하는 것이다.

05 원효는 (   )을/를 통해 모든 이론과 종파의 특수성과 상대적 가치를 충분히 인정하는 바탕에서 더 높은 차원으로 통합을 추구함으로써 조화를 살리고자 하였다.

06 바람직한 의사소통을 위해서는 자기 생각만이 옳다는 (   )을/를 경계하고, 관용의 태도를 지녀야 한다.

07 하버마스는 사회를 통합할 수 있는 가능성을 의사소통의 영역인 (   )에서 찾는다.

08 통일은 분단으로 가족과 떨어져 지내는 (   )의 고통을 해소할 수 있다.

09 (   )은/는 남북통일에 소요되는 비용으로 남북한의 서로 다른 체제와 제도, 양식 등을 통합하고 정비하는 과정에서 지출되는 비용이다.

10 (   )은/는 통일로 얻을 수 있는 편리함과 이익을 뜻한다. 이 비용은 실제로 계량하기 어려운 항목이 많아 금액으로 산출하기 어렵다.

Exercises

11 통일을 이루기 위해서는 (   ) 사회 통합 노력으로 남북한의 긴장 관계를 해소해야 한다.

12 통일이 지향하는 민족 통합의 윤리는 여러 민족과 공존·공영할 수 있는 (   ) 민족주의이다.

13 통일 한국이 지향해야 할 가치는 (   ), 자유, 인권, 정의 등이 있다.

14 통일 한국은 인간 존엄성을 최고로 여기며, 자유와 평등, 인권 등 기본적 가치를 보장하는 자유로운 (   ) 국가를 지향해야 한다.

15 (   )적 관점은 국제 관계에서 국가가 자국의 이익만을 추구한다고 보며, 국가 간 힘의 논리를 강조한다.

16 칸트의 영구 평화론에서 인간은 (   ) 존재이므로 평화 실현이 가능하다고 보고 공화정체의 국가들이 각자의 주권을 가진 채 연방 체제를 만들어 국제 평화를 실현해야 한다고 보았다.

17 평화학자인 갈퉁에 의하면 (   ) 평화는 직접적 폭력은 물론 가난, 굶주림, 차별 등 간접적 폭력도 사라져 인간다운 삶을 누릴 수 있는 상태를 의미한다.

18 (   )란 국제 사회에서 상호 의존성이 증가하면서 세계가 단일한 사회 체계로 나아가는 현상을 말한다.

19 국제 정의에서 (   )은/는 가치나 재화의 공정한 분배로 실현된다.

20 롤스는 불리한 여건으로 고통받는 사회를 (   )한 사회가 되도록 원조하는 것을 도덕적 의무라고 본다.

정답   1. 갈등   2. 세대 갈등   3. 연고주의   4. 화이부동(和而不同)   5. 화쟁   6. 독선주의   7. 공론장
8. 이산가족   9. 통일비용   10. 통일편익   11. 점진적   12. 열린   13. 평화   14. 민주
15. 현실주의   16. 이성적   17. 적극적   18. 세계화   19. 분배적 정의   20. 질서 정연

도덕

인쇄일	2023년 4월 24일
발행일	2023년 5월 1일
펴낸곳	(주)이타임라이프
지은이	편집부
주소	서울시 영등포구 경인로77가길 16 부곡빌딩 401호(문래동2가)
등록번호	2022.12.22 제 2022-000150호
ISBN	979-11-982268-7-7 13370

검정고시 전문서적

기초다지기 / 기초굳히기

"기초다지기, 기초굳히기 한권으로 시작하는 검정고시 첫걸음"

· 기초부터 차근차근 시작할 수 있는 교재
· 기초가 없어 시작을 망설이는 수험생을 위한 교재

기본서

**"단기간에 합격! 효율적인 학습!
적중률 100%에 도전!"**

· 철저하고 꼼꼼한 교육과정 분석에서 나온 탄탄한 구성
· 한눈에 쏙쏙 들어오는 내용정리
· 최고의 강사진으로 구성된 동영상 강의

만점 전략서

"검정고시 합격은 기본! 고득점과 대학진학은 필수!"

· 검정고시 고득점을 위한 유형별 요약부터
  문제풀이까지 한번에
· 기본 다지기부터 단원 확인까지 실력점검

핵심 총정리

"시험 전 총정리가 필요한 이 시점! 모든 내용이 한눈에"

· 단 한권에 담아낸 완벽학습 솔루션
· 출제경향을 반영한 핵심요약정리

합격길라잡이

"개념 4주 다이어트, 교재도 다이어트한다!"

· 요점만 정리되어 있는 교재로 단기간 시험범위 완전정복!
· 합격길라잡이 한권이면 합격은 기본!

기출문제집

"시험장에 있는 이 기분! 기출문제로 시험문제 유형 파악하기"

· 기출을 보면 답이 보인다
· 차원이 다른 상세한 기출문제풀이 해설

예상문제

"오랜기간 노하우로 만들어낸 신들린 입시고수들의 예상문제"

· 출제 경향과 빈도를 분석한 예상문제와 정확한 해설
· 시험에 나올 문제만 예상해서 풀이한다

한양 시그니처 관리형 시스템

#정서케어 #학습케어 #생활케어

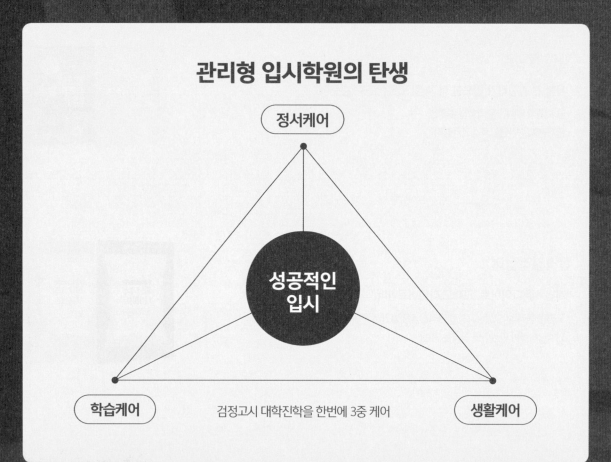

관리형 입시학원의 탄생

정서케어

성공적인 입시

학습케어

검정고시 대학진학을 한번에 3중 케어

생활케어

정서케어

· 3대1 멘토링
  (입시담임, 학습담임, 상담교사)
· MBTI (성격유형검사)
· 심리안정 프로그램
  (아이스브레이크, 마인드 코칭)
· 대학탐방을 통한 동기부여

학습케어

· 1:1 입시상담
· 수준별 수업제공
· 전략과목 및 취약과목 분석
· 성적 분석 리포트 제공
· 학습플래너 관리
· 정기 모의고사 진행
· 기출문제 & 해설강의

생활케어

· 출결점검 및 조퇴, 결석 체크
· 자습공간 제공
· 쉬는 시간 및 자습실
  분위기 관리
· 학원 생활 관련 불편사항
  해소 및 학습 관련 고민 상담

HANYANG
ACADEMY

한양 프로그램 한눈에 보기

· 검정고시반 중·고졸 검정고시 수업으로 한번에 합격!

기초개념	기본이론	핵심정리	핵심요약	파이널
개념 익히기	과목별 기본서로 기본 다지기	핵심 총정리로 출제 유형 분석 경향 파악	요약정리 중요내용 체크	실전 모의고사 예상문제 기출문제 완성

· 고득점관리반 검정고시 합격은 기본 고득점은 필수!

기초개념	기본이론	심화이론	핵심정리	핵심요약	파이널
전범위 개념익히기	과목별 기본서로 기본 다지기	만점 전략서로 만점대비	핵심 총정리로 출제 유형 분석 경향 파악	요약정리 중요내용 체크 오류범위 보완	실전 모의고사 예상문제 기출문제 완성

· 대학진학반 고졸과 대학입시를 한번에!

기초학습	기본학습	심화학습/검정고시 대비	핵심요약	문제풀이, 총정리
기초학습과정 습득 학생별 인강 부교재 설정	진단평가 및 개별학습 피드백 수업방향 및 난이도 조절 상담	모의평가 결과 진단 및 상담 4월 검정고시 대비 집중수업	자기주도 과정 및 부교재 재설정 4월 검정고시 성적에 따른 재시험 및 수시컨설팅 준비	전형별 입시진행 연계교재 완성도 평가

· 수능집중반 정시준비도 전략적으로 준비한다!

기초학습	기본학습	심화학습	핵심요약	문제풀이, 총정리
기초학습과정 습득 학생별 인강 부교재 설정	진단평가 및 개별학습 피드백 수업방향 및 난이도 조절 상담	모의고사 결과진단 및 상담 / EBS 연계 교재 설정 / 학생별 학습성취 사항 평가	자기주도 과정 및 부교재 재설정 학생별 개별지도 방향 점검	전형별 입시진행 연계교재 완성도 평가

HANYANG
ACADEMY

D-DAY를 위한 신의 한수

검정고시생 대학진학 입시 전문

검정고시 합격은 기본!
대학진학은 필수!

입시 전문가의 컨설팅으로 성적을 뛰어넘는 결과를 만나보세요!

HANYANG ACADEMY

YouTube

모든 수험생이 꿈꾸는
더 완벽한 입시 준비!

 입시전략 컨설팅   수시전략 컨설팅   자기소개서 컨설팅

 면접 컨설팅   논술 컨설팅   정시전략 컨설팅

입시전략 컨설팅

학생 현재 상태를 파악하고 희망 대학
합격 가능성을 진단해 목표를 달성
할 수 있도록 3중 케어

수시전략 컨설팅

학생 성적에 꼭 맞는 대학 선정으로
합격률 상승! 검정고시 (혹은 모의고사)
성적에 따른 전략적인 지원으로 현실성
있는 최상의 결과 보장

자기소개서 컨설팅

지원동기부터 학과 적합성까지 한번에!
학생만의 스토리를 녹여 강점은
극대화 하고 단점은 보완하는
밀착 첨삭 자기소개서

면접 컨설팅

기초인성면접부터 대학별 기출예상질문
대비와 모의촬영으로 실전면접
완벽하게 대비

대학별 고사 (논술)

최근 5개년 기출문제 분석 및 빈출 주제를
정리하여 인문 논술의 트렌드를 강의!
지문의 정확한 이해와 글의 요약부터
밀착형 첨삭까지 한번에!

정시전략 컨설팅

빅데이터와 전문 컨설턴트의 노하우 /
실제 합격 사례 기반 전문 컨설팅

HANYANG
ACADEMY

MK 감자유학

Valuable education content provider

We're Experts

우리는 최상의 유학 컨텐츠를 지속적으로 제공하기 위해 정기 상담자 워크샵, 해외 워크샵, 해외 학교 탐방, 웨비나 미팅, 유학 세미나를 진행합니다.

이를 통해 국가별 가장 빠른 유학트렌드 업데이트, 서로의 전문성을 발전시키며 다양한 고객의 니즈에 가장 적합한 유학솔루션을 제공하기 위해 최선을 다합니다.

KEY STATISTICS

30년+ 전통교육그룹	**17개** 국내최다센터	**15년** 평균상담경력	**24개국** 해외네트워크	**2,600+** 해외교육기관
Educational	**The Largest**	**Specialist**	**Global Network**	**Oversea Instituitions**

Educational

감자유학은 교육전문그룹인 매경아이씨에서 만든 유학부문 브랜드입니다. 국내 교육 컨텐츠 개발 노하우를 통해 최상의 해외 교육 기회를 제공합니다.

The Largest

감자유학은 전국 어디에서도 최상의 해외유학 상담을 제공할 수 있도록 국내 유학 업계 최다 상담 센터를 운영하고 있습니다.

Specialist

전 상담자는 평균 15년이상의 풍부한 유학 컨설팅 노하우를 가진 전문가 입니다. 이를 기반으로 감자유학만의 차별화된 유학 컨설팅 서비스를 제공합니다.

Global Network

미국, 캐나다, 영국, 아일랜드, 호주, 뉴질랜드, 필리핀, 말레이시아등 감자유학 해외네트워크를 통해 발빠른 현지 정보 업데이트와 안정적인 현지 정착 서비스를 제공합니다.

Oversea Instituitions

고객에게 최상의 유학 솔루션을 제공하기 위해서는 다양하고 세분화된 해외 교육기관의 프로그램이 필수 입니다. 2천개가 넘는 교육기관을 통해 맞춤 유학 서비스를 제공합니다.

2020
대한민국 교육 산업
유학 부문 대상

2012 / 2015
대한민국 대표
우수기업 1위

2014 / 2015
대한민국 서비스
만족대상 1위